PAPIERTIGER

# Sprachlesebuch 2

## Neubearbeitung

Herausgegeben
von Rüdiger Urbanek

unter Mitarbeit von
Ruth Bandow
Gisela Giani
Gisela Gutheil
Alexandra Isack
Carmen Nickel-Hammer
Christina Sames-Möckel
Hans-Peter Schmidt

Diesterweg

# Inhalt

Wörterkästen für den Modellwortschatz

Merkkästen für Merksätze

Tippkästen für Schreibtipps und Arbeitstechniken

## Dem Tiger auf der Spur

Wer ist das?
Du erfährst es
auf Seite 55.

Luftikusine **A**

Jule **X**

Marlene **V**

Welches Kapitelzeichen
gibt es **nicht**?

**P**

**D**

**B**

Wie heißt diese Autorin?
Du erfährst es
im Kapitel *Im Wald*.

Astrid Lindgren **O**

Jana Frey **C**

Margret Rettich **G**

Welcher Hund kommt im Kapitel
*Rund um den Hund* **nicht** vor?

**H**

**R**

**K**

**M**

Welches Zeichen sagt,
dass im Ordner mehr dazu steht?

 J

 I

 Y

Welche Farbe hat
der Rechtschreib-Ordner?

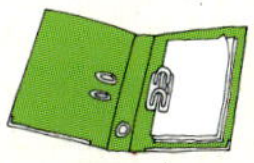 U

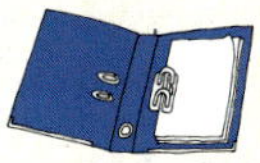 N

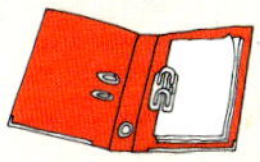 L

Auf welcher Seite beginnt
die Wörterliste?

Seite 198 E

Seite 206 F

Seite 212 W

Mit welchem Bild beginnt
das Kapitel *Jahreszeiten*?

 Q

 S

 T

 Z

1 — Schreibe die Buchstaben hinter den richtigen Antworten nacheinander auf. Wie lautet der Lösungssatz? Es sind zwei Wörter.

## ABC-Lied

Die roten Buchstaben im Lied sind Selbstlaute.
Die blauen Buchstaben sind Mitlaute.

Lara mag Alafantan-Gaschachtan.

Ben meg lestege Gedechte.

Tini mig spinnindi Gischichtin.

Otto mog Grosolgoschochton.

Ugur mug Krumus.

1 — Lest die Sätze laut vor. Was ist passiert?

2 — Suche dir einen Satz aus. Schreibe ihn mit einem anderen Selbstlaut auf und lies ihn vor. Seite 126

## Tier-ABC

1 — Schreibe das ABC untereinander auf.
Markiere die Selbstlaute rot. Seite 126

2 — Schreibe hinter jeden Buchstaben den passenden Tiernamen.

3 — Für welchen Buchstaben ist kein Tier abgebildet?

## ABC-Gedicht

A B C D E –
ich freu mich auf den  .
F G H I J –
ich esse gern .
K L M N O –
ich falle auf den .
P Q R S T –
ich bade gern im  .
U V W X Y Z –
am liebsten liege ich im  .

**1** — Lies das Gedicht. Schreibe es ab und setze die passenden Wörter ein. Du kannst die Wörter in der Wörterliste ab Seite 206 nachschlagen.
Seite 121

**2** — Im Bild fehlen drei Buchstaben.
Welches Wort kannst du mit ihnen bilden?

**3** — Schreibe das ABC auf Zettel. Mische die Zettel. Ein anderes Kind nimmt drei Zettel weg. Finde heraus, welche Buchstaben fehlen.

## Spiele mit dem ABC

1 — Erklärt euch das Spiel und spielt es.

2 — Schreibe einem anderen Kind mit dem Finger einen Buchstaben auf den Rücken. Das andere Kind sagt, welcher Buchstabe es ist.

A – wenn ich so steh,
E – bist du nicht da.
I – ich schau ganz schnell,
O – bis ich dich seh.
– und mit ’nem Dreh,
U – sag ich ganz fix:
– ich find dich ♥♥♥♥!

3 — Lies das Gedicht mit den fehlenden Buchstaben. Schreibe es vollständig auf.

4 — Lerne das Gedicht auswendig. Seite 83

5 — Stelle dich mit einem anderen Kind Rücken an Rücken. Sprecht das Gedicht und bewegt euch so, wie es das Gedicht sagt.

Alphabet üben
Reime ergänzen
Gedicht auswendig lernen

# Die Klassenliste

1 — Welchen Namen muss Sarah zuerst aufschreiben? Warum?
Seite 121

2 — Macht selbst eine Klassenliste.

3 — Suche diese Wörter in der Wörterliste.
Der zweite Buchstabe hilft dir. Seite 121

4 — Schreibe die Wörter auf.



Ordnen nach dem 2. Buchstaben
Wörter nachschlagen
Listen anlegen

Ordnen nach dem Alphabet → AH S. 3

# Das mag ich

Apfelmus
Bücher
Collies
Drachen
Esel
Fußball spielen
Gummibärchen
Hängematten
Igel
jemand necken
Kängurus
Lieder
morgens trödeln
Nachtisch
ohne Schuhe laufen
Pausen ohne Streit
quietschvergnügt singen
rennen
Sonnenschein
Tigerbücher
Unordnung und keiner schimpft
vorlesen im Bett
Wolle, die nicht kratzt
Xylophone
Yaks im Zoo und
Zuckerwatte

1 — Lies den Text leise. Was magst du auch?
Was magst du nicht?

2 — Schreibe einen eigenen *Das-mag-ich-Text*.
Die Wörterliste ab Seite 206 hilft dir.

## Jule kommt zur Schule

Mama kommt und sagt:

„Aufstehen, Jule. Die [1] fängt an.“

Jule trägt die neuen [2], den [3] und die roten [4].

Sie setzt die gelbe [5] auf. Mama legt ihr die [6] um.

In der [6] sind die [7], die [8] und ein [9].

Damit lernt Jule jetzt lesen und schreiben.

In der [10] stecken ein [11] und ein [12],

weil Jule beim Lernen sicher Hunger kriegt.

Mama bringt Jule zur [1] und wartet.

Nach der [1]  bekommt Jule eine [13]  mit [14]  und [15] 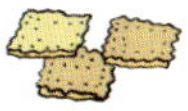. Ganz unten steckt ein kleines [16] . Jule rennt mit der [13]  zu den anderen [17] . Alle bekommen [14]  und [15] 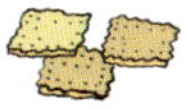 ab. Dann spielen sie im [18]  mit dem kleinen [16] . Und Jule sagt stolz: „Jetzt gehe ich gerne zur [1] ."

***Margret Rettich*** *hat sich schon viele Kinderbücher und Bildergeschichten ausgedacht.*
*Sie wohnt in der Nähe von Braunschweig.*
*Viele ihrer Geschichten kann man auch in der „Sendung mit der Maus" anschauen.*

1 — Lies den Text leise.
Finde Wörter für die Bilder.

2 — Schreibe die Wörter zu den Bildern auf. Die Wörterliste hilft dir:
1. Schule, 2. Jeans, … Seite 121

3 — Was haben alle Wörter gemeinsam?

4 — Habt ihr manchmal unterschiedliche Wörter gefunden?
Warum ist das so?

5 — Wie war euer erster Schultag? Erzählt davon.

# Der Umweg

Luis wohnt in der Seestraße.
Lisa wohnt am Schillerplatz.
Luis hat einen kurzen Schulweg.
Doch seit ein paar Tagen
macht er einen Umweg
über den Schillerplatz.
Dort wartet er,
bis Lisa aus dem Haus kommt.
„Warum machst du denn
so einen langen Umweg?“,
fragt Lisa.
„Darum“, sagt Luis nur
und wird rot.

*Manfred Mai*

1 — Lies den Text leise.

2 — Lies den Text laut. Mache immer eine Pause nach dem Punkt.

3 — Warum macht Luis den Umweg?

# Auf dem Schulweg

Leonie und Tülin gehen immer zusammen zur Schule. Heute macht Tülin ein trauriges Gesicht. „Ich mag heute gar nicht in die Schule“, sagt sie zu Leonie. „Wir sollen nämlich erzählen, was wir besonders gut können. Aber mir ist gar nichts eingefallen.“

Leonie möchte Tülin helfen und fragt: „Was machst du denn so nach der Schule?“ „Na, ich koche, gehe einkaufen, wasche ab und passe auf meine Geschwister auf“, zählt Tülin auf.

„Da kannst du aber eine ganze Menge“, staunt Leonie und schaut Tülin bewundernd an. „Aber das ist doch nichts Besonderes“, erwidert Tülin. „Doch“, sagt Leonie, „das ist schon etwas Besonderes. Das musst du einfach in der Schule erzählen. Ich kann nicht kochen, und das Einkaufen machen meine Eltern.“

1 — Lies den Text leise.

2 — Warum will Tülin nicht gern zur Schule?

3 — Wie hilft Leonie Tülin?

4 — Suche dir ein anderes Kind.
Lest den farbigen Text mit verteilten Rollen.

5 — Schreibe auf, was **du** besonders gut kannst.

Rollenlesen üben
Fragen zum Text beantworten
Eigene Fähigkeiten reflektieren

# Sich begrüßen

1 — Wie begrüßen sich die Kinder und die Erwachsenen?
Warum ist das unterschiedlich?

2 — Wie begrüßen sich Menschen noch?
Wie ist es in anderen Ländern?

3 — Spielt verschiedene Szenen nach.

4 — Was kann man zum Abschied sagen? Schreibe deine Ideen auf.

Verbale und nonverbale Begrüßung
Grußfloskeln (im sozialen Kontext) anwenden
Begrüßungsszenen spielen

# Das bin ich

Das bin ich.
Ich heiße Tina Hendrich.
Ich bin 7 Jahre alt
und gehe in die Klasse 2a.

Das bin ich.
Ich wohne in der Waldstraße.
Mein Fahrrad ist ganz neu.
Ich habe es schon oft im Laden bewundert.
Jetzt war es im Sonderangebot.
Da war es viel billiger.

Das bin ich.
Mein Name ist Elif Demir.
Ich gehe in die 2. Klasse.
Ich wohne mit meinen Eltern und
meinem Bruder in der Hauptstraße 14.
Am liebsten treffe ich mich mit meinen
Freunden.

1 — Lies die Texte. Überlege nach jedem Text, was du über das Kind erfährst.

2 — Über welches Kind erfährst du am meisten? Warum?

3 — Auf welche Fragen soll ein *Das-bin-ich-Text* antworten? Sammelt sie auf einem Plakat.

4 — Schreibe einen *Das-bin-ich-Text* über dich.

5 — Hast du alle Fragen vom Plakat beantwortet?

Texte auf Informationsgehalt prüfen
Kriterien für einen Steckbrief sammeln
Steckbrief auf Einhaltung von Kriterien prüfen

# Schulzeit

Wecker
Bett verlassen.
Hemd anziehen.

Haustür schließen.
Tim begrüßen.
Bücher tragen.

Hallo sagen.
Herzlich lachen.
Schnell erzählen.

Richtig rechnen.
Sauber schreiben.
Jonas mögen.

Tafel wischen.
Tasche packen.
Klingel

1 — Lies das Gedicht leise.

2 — Lest laut vor. Spielt zu jeder Zeile, ohne zu sprechen.

3 — Was ist bei diesem Gedicht anders als bei anderen Gedichten?

4 — Wie viele Wörter sind in jeder Zeile?

5 — Wie viele Silben sind in jeder Zeile? Wie oft kannst du klatschen?
Seite 123

6 — Schreibe selbst eine Strophe. Die Bilder können dir helfen.
Seite 91

# Gemeinsam lernen

1 — Was machen die Kinder auf den Bildern? Erklärt.

2 — Was findest du gut, was nicht? Seite 82

3 — Stellt für eure Klasse Regeln auf, wie ihr gemeinsam lernen wollt.

# Unser Schulgarten

Gärtner Gras Kind Lehrerin Meerschweinchen Rose

Salat Schaufel Schlauch Tor Vogel Ziege

**1** — Was siehst du auf dem Bild?
Schreibe es auf: ① das Kind, ② ...

**2** — Markiere in jedem Wort den ersten Buchstaben.
Was fällt dir auf? Seite 103

Wörter, die den Menschen, Tieren, Pflanzen und Dingen einen Namen geben, heißen **Nomen**.
Sie können **der, die, das** als **Artikel** (Begleiter) haben.

**3** — Schreibe die Nomen zu den Bildern in eine Tabelle. Seite 104

| der | die | das |
|---|---|---|
| der Lehrer | die | |

# Eins und viele

1 — Was liegt bei Julia zu Hause, was liegt in der Klasse auf dem Tisch? Vergleiche.

2 — Schreibe die Nomen mit ihren Artikeln auf:

| Einzahl | Mehrzahl |
|---|---|
| ein Füller | viele Füller |

3 — Suche noch mehr Dinge in deiner Klasse, die es mehrfach gibt. Schreibe sie dazu.

**Nomen** erkennst du auch daran, dass du die **Einzahl** und die **Mehrzahl** bilden kannst: ein Hund – viele Hunde.

Unsere spielkiste gefällt allen. Für draußen liegen ein ball, ein seil, ein hüpfgummi und ein tuch bereit. Für drinnen haben wir ein malbuch, eine ritterburg, ein quartett, eine puppe und ein ratespiel.

4 — Zu welchen Wörtern findest du die Mehrzahl? Schreibe sie so auf:
eine Spielkiste – viele Spielkisten, … Seite 105

5 — Schreibe den Text richtig auf. Unterstreiche die Nomen.

## Richtig abschreiben

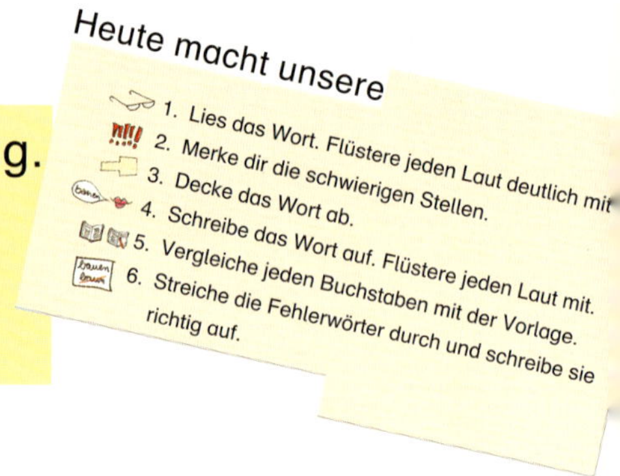


Heute macht unsere Klasse einen Ausflug.

Wir gehen in den Zoo. Das macht Spaß.

Die Kaninchen dürfen wir sogar füttern.

1 — Schreibe den Text mit der Abdeckkarte ab. Seite 116

2 — Unterstreiche die Nomen. Seite 103–105

3 — In welche Klasse gehören die Wörter?

4 — Trage sie in eine Tabelle ein. Flüstere beim Schreiben jeden Laut mit. Seite 124

| el | er | r | ch |
|---|---|---|---|
| Segel | über | | |

# Dein Schreibtraining

Wir turnen gern.
Wir Kinder suchen uns die Übungen aus.
Ich laufe auf dem Seil.

Die Übungen überlegen wir gemeinsam.
Jeder macht dabei gern mit.
Einmal haben wir uns eine richtige Schaukel ausgedacht.

Heute waren wir im Turnunterricht Piraten.
Ein buntes Tuch war unser Segel und
ein langer Kasten das Schiff. Das war prima.

1 — Zähle in jedem Text die schwierigen Wörter.
Welcher Text hat am wenigsten, welcher am meisten?

2 — Suche dir einen Text aus und übe ihn als Diktat. Seite 118/119

3 — Kontrolliere deinen Text genau. Schreibe deine Fehlerwörter auf die Trainingskarte. Seite 120

| | | | |
|---|---|---|---|
| der Apfel | die Kugel | die Schachtel | die Tafel |
| der Finger | der Kater | der Schüler | die Tochter |
| der Garten | das Herz | die Karte | der Würfel |
| der Becher | das Buch | das Fach | die Woche |

4 — Lass dir die Wörter von einem anderen Kind diktieren. Seite 119

5 — Schreibe deine Fehlerwörter auf die Trainingskarte. Seite 120

## Die Neue kommt!

Heute soll die Neue kommen.
Ein Mädchen.
Aus einer fremden Stadt.
Gerade hat es
zur Stunde gegongt.
Aber die Neue ist
immer noch nicht da.

„Vielleicht kommt sie
aus Afrika!“, ruft Janne.

„Quatsch“, sagt Alexander,
„Afrika ist doch keine Stadt.“

„Vielleicht hat sie nur
ein Bein!“, ruft Bastian.

„Ist doch egal –“,
meint Fabian,
„Hauptsache,
sie kann Salto.“

Charlotte sagt
gar nichts,
obwohl sie noch
viel aufgeregter ist
als die anderen.

Die Neue soll nämlich neben Charlotte sitzen.
Und sie hat sich schon ganz genau ausgedacht,
was sie zusammen alles machen könnten ...

Alle warten.
Da geht die Tür auf.

*Wolfram Hänel*

1 — Worum geht es in der Geschichte?

2 — Was denken die Kinder über die Neue? Wie findet ihr das?

3 — Was könnte sich Charlotte alles ausgedacht haben?

4 — Wie könnte die Geschichte weitergehen? Schreibe es auf.
Seite 92

Inhalt eines erzählten Textes erfassen und
die Handlung fortspinnen

1 — Erzähle zu den Bildern.

# Max, der Welpe

Das ist Max.

Er kann den Stock in der Luft fangen.

Max schnuppert an den Fingern.

Er leckt die Hände.

Max jagt hinter Bällen her.

Er schmust und spielt sehr gern.

1 — Wähle ein Foto von Seite 26 aus. Schreibe einen Text dazu.
Beim Foto oben kannst du auch die Sätze aus den Kästen benutzen. Seite 86

# Hundesprache

A

B

C

D

E

F

1 Ich freue mich, dich zu sehen.

2 Ich habe Angst.

3 Was ist denn dort los?

4 Lass mich in Ruhe.

5 Achtung! Gleich beiße ich zu.

6 Ich vertraue dir.

1 — Zu welchen Bildern passen die Sätze?
Schreibe die Buchstaben untereinander auf.
Schreibe die passenden Zahlen oder die Sätze daneben.

2 — Wen könnt ihr fragen, wenn ihr nicht genau Bescheid wisst?

## Zungenbrecher

Drei drollige Dackel düsen durch den Dreck.
Durch den Dreck düsen drei drollige Dackel.

Terrier Tom tanzt täglich tausend tolle Tänze.
Tausend tolle Tänze tanzt täglich Terrier Tom.

Bernhardinerdame Barbara bellt bei Bauer Brauer.
Bei Bauer Brauer bellt Bernhardinerdame Barbara.

Pinki Pudel pieselt plötzlich in Papas Pantoffeln.
In Papas Pantoffeln pieselt plötzlich Pinki Pudel.

Großbritanniens graue Greyhounds gehen gerne Gassi.
Gassi gehen gerne Großbritanniens graue Greyhounds.

Kleine Kinder küssen keine kleinen kläffenden Köter.
Keine kleinen kläffenden Köter küssen kleine Kinder.

Auf Seite 30 und 31 erfährst du mehr über die Hunderassen.

1 — Lies die Zungenbrecher mehrmals.

2 — Suche dir zwei Zungenbrecher in einer Farbe aus.
Übe, sie schnell und deutlich zu sprechen.

3 — Schreibe einen Zungenbrecher in dein Heft ab. Seite 116

4 — Erfinde einen eigenen Zungenbrecher.

Wörter mit *D/T*; *B/P*; *G/K* im Anlaut
Deutlich artikuliertes Sprechen üben
Zungenbrecher erfinden

## Hunde-Lexikon

**Bernhardiner:** Er hatte früher die Aufgabe, Bauern und Hirten bei der Arbeit zu helfen. Der Bernhardiner ist ein sehr großer, gutmütiger und ruhiger Hund. Er braucht jeden Tag lange Spaziergänge.

**Bobtail:** Er musste die Herden der Schäfer bewachen und sie zum Marktplatz treiben. Der Bobtail hat ein sehr langes, zottiges Fell und muss täglich mindestens eine halbe Stunde gebürstet werden. Er braucht viel Familienkontakt und Bewegung.

**Dackel:** Er kroch bei der Jagd in Fuchsbauten, weil sein Körper sehr lang und niedrig ist. Er ist mutig und lebhaft. Der Dackel bellt gerne und oft.

**Foxterrier:** Er jagt sehr gern und konnte deshalb gut den Jägern helfen. Der Foxterrier ist ein lebhafter und fröhlicher Hund. Er wird aber sehr schnell eifersüchtig und verträgt sich kaum mit anderen Tieren.

**Greyhound:** Er wurde für die Jagd und für Hunderennen gezüchtet. Er läuft bis zu 80 Kilometer in der Stunde schnell und braucht sehr viel Auslauf. Der Greyhound ist anhänglich und gehorsam.

**Pudel:** Früher halfen Pudel bei der Jagd. Sie holten die Vögel aus dem Wasser, die die Jäger geschossen hatten. Der Pudel ist ein gutmütiges und fröhliches Tier. Er spielt sehr gern mit Kindern. Der Pudel muss geschoren werden. Oft hat er eine richtige Frisur.

1 — Was muss man bei einer Hunderasse beachten, wenn man sich einen Hund anschaffen will? Erkläre.

2 — Welche Aufgaben hatten die Hunde früher? Wähle Hunde aus und schreibe so:

Bernhardiner: Früher hatte er die Aufgabe, den Bauern und Hirten bei der Arbeit zu helfen.

3 — Sammelt Bilder von verschiedenen Hunderassen aus Zeitschriften oder aus dem Internet. Gestaltet damit eine Fotowand. Schreibt dazu, was ihr von den Hunderassen wisst.

# Was Hunde tun

Hunde schlafen.
Hunde knurren.

Hunde schnuppern.
Hunde bellen.

Hunde spielen.
Hunde winseln.

**1** — Welche Wörter sagen dir, was Hunde tun? Seite 108

**2** — Schreibe die Sätze ab. Unterstreiche immer diese Wörter rot.

**Verben** sagen, was jemand tut oder was geschieht.

Hunde … mit dem Schwanz.
Hunde … aus dem Napf.
Hunde … auf dem Boden.
Hunde … den Stock.

fressen — bringen — schnüffeln — wedeln

**3** — Setze die Verben ein und schreibe die Sätze auf.
Unterstreiche die Verben rot.

**4** — Denke dir selbst solche Sätze aus und schreibe sie auf.
Unterstreiche die Verben rot.

# In der Hundeschule

Die Hunde warten.

Die Hunde kommen auf Zuruf.

Die Hunde folgen ohne Leine.

Die Hunde machen Platz.

Die Hunde gehen bei Fuß.

…

1 — Welchen Satz findest du für das letzte Bild?

2 — Isabell besucht mit ihrer Hündin Kira eine Hundeschule.
Sage, was Kira macht: Kira wartet …

3 — Schreibe immer beide Sätze so auf:
Die Hunde warten. Kira wartet.

4 — Was fällt dir auf? Seite 109

# Das gefundene Fressen

1 — Erzähle eine Geschichte zu den Bildern.
Erfinde auch ein Ende dazu.

2 — Schreibe das Ende oder die ganze Geschichte auf. Seite 89

3 — Lies deinen Text einem anderen Kind vor.
Wie gefällt er ihm? Seite 96

4 — Korrigiere deinen Text und stelle ihn in der Klasse aus.
Seite 117, Seite 99

# Ein seltsamer Hund

KopfKopf
KörperKörperKörper pf Ko
Schwanz gelb Körper Ko AUGE pf schnüffel
b gelb gelb Körper r O Nase schnüffel
l g Körper e H Nase schnüffel
e e Körper p R Kopf
g l Körper r
b b Körper ö sabber
l Körper K sabber
wedel e KörperKörperKörper sabber
wedel g Bein Bein
wedel Bein Bein Bein Bein
Bein Bein
Bein Bein
Bein Bein
Bein Bein
Pfote Pfote

*Sharon Creech*

1 — Warum ist es so schwer, dieses Gedicht vorzulesen?

2 — Schreibe ein ähnliches Gedicht für einen Dackel oder ein anderes Tier.

3 — Hängt eure Gedichte in der Klasse aus.
Seite 99

# Hundewitze

Zwei Flöhe gewinnen im Lotto.
Fragt der eine den anderen:
„Und, was machst du mit dem Geld?“
Sagt der andere: „Zuerst kaufe ich mir einen eigenen Hund!“

Zwei Wachhunde stehen im Garten.
Fragt der eine: „Du, hörst du nichts?“
„Natürlich höre ich was!“, antwortet der andere.
„Warum bellst du dann nicht?“
„Na, dann höre ich doch nichts mehr!“

Auf der Polizeistation klingelt das Telefon.
„Kommen Sie sofort.
Es geht um Leben und Tod.
Hier ist ein Hund!“,
ertönt es aus dem Hörer.
Der Polizist erkundigt sich:
„Wer ist denn am Apparat?“
„Die Katze.“

1 — Spielt die Witze oder lest sie mit verteilten Rollen.

2 — Sammelt selbst Hundewitze und erzählt sie euch gegenseitig.

## Dein Schreibtraining

Tim und Arko toben.
Tim wirft einen Ball.
Arko holt den Ball.
Tim streichelt Arko.

Murat geht zum Park.
Da kommt ein Hund und bellt laut.
Murat fürchtet sich und bleibt stehen.

Julia hat einen kleinen Hund.
Sie darf ihm sein Futter geben und ihn bürsten.
Besonders gern toben sie durch den Garten.

1 — Wähle einen Text aus und schreibe ihn mit deiner Abdeckkarte ab.
Beachte die Abschreibregeln. Seite 116

2 — Markiere in deinem Text die Stellen, die du schwierig findest.

3 — Übe den Text als Wendediktat oder als Schleichdiktat. Seite 118

4 — Kontrolliere deinen Text genau. Schreibe deine Fehlerwörter
auf die Trainingskarte. Seite 120

bellen bleiben bringen bürsten denken geben
gehen kaufen kommen kriechen parken pusten
stehen streicheln toben tragen

5 — Diktiert euch gegenseitig die Wörter.
Schreibe deine Fehlerwörter auf die Trainingskarte. Seite 119, 120

# Leos größter Wunsch

***Edith Schreiber-Wicke***
*wurde 1943 geboren und lebt in Österreich. Sie ist verheiratet und hat zwei Töchter und zwei Katzen. Sie schreibt Bücher für Kinder und Jugendliche und Drehbücher für das Fernsehen. Auch ihr erstes Kinderbuch wurde verfilmt.*

Leo hatte eine ganze Reihe von Wünschen. Er wünschte sich ein einziges Mal ein „Sehr gut“ in Rechnen. Er wünschte sich einen Zauberstift, der ganz von selbst Aufgaben machte. Er wünschte sich statt Spinat grüne Gummibärchen auf den Teller. Das waren aber noch längst nicht alle Wünsche.

Er wünschte sich, fliegen zu können. Er wünschte sich hundert Tafeln Schokolade mit Nugatfüllung. Er wünschte sich seine Sommersprossen weg. Er wünschte sich einen älteren Bruder. Er wünschte sich, einen Außerirdischen zu treffen. Er wünschte sich ein Zimmer, das sich von selber aufräumte.

Leo hatte also eine ganze Reihe von Wünschen. Aber ganz besonders und vor allem und dringender als alles andere wünschte sich Leo einen Hund.

„Man muss ihm erklären, warum das absolut unmöglich ist“, sagte Leos Vater. „Leo ist ein vernünftiges Kind. Er wird es einsehen.“

„Also, Leo“, begann Leos Vater, „ich werde dir jetzt genau erklären, warum das nicht möglich ist. Erstens: Wir wohnen in der Stadt. Ein Hund braucht aber bekanntlich Auslauf im Grünen.“ „Es gibt Hundewiesen“, sagte Leo.

„Zweitens“, fuhr Leos Vater fort. „Denk an die Ferien. Du willst doch bestimmt wieder ans Meer!“ „Nein“, sagte Leo. „Ich will nicht ans Meer. Ich will einen Hund.“

„Viertens …“, Leos Vater klang ein wenig nervös. „Du warst erst bei drittens“, verbesserte Leo ruhig. „Also gut – drittens: Ein Hund passt nicht in eine Wohnung wie unsere. Er pinkelt auf die wertvollen Teppiche, wirft Jugendstilvasen um und bringt womöglich Flöhe nach Hause.“

Leos Vater schaute Leo forschend an. „Alles klar?“, fragte er. Leo nickte. „Na also“, sagte Leos Vater. „Ich wusste doch, dass du vernünftig bist. Schließlich bist du mein Sohn.“

Leos Mutter kam mit einer Schüssel Erdbeeren. „Zucker oder Ahornsirup?“, fragte sie. „Weder noch“, sagte Leo finster. „Ich möchte einen Hund und sonst gar nichts.“

1 — Was alles wünscht sich Leo? Was ist sein größter Wunsch?

2 — Warum wollen die Eltern Leos größten Wunsch nicht erfüllen? Welche Gründe nennt Leos Vater? Was sagt Leo dazu?

3 — Spielt das Gespräch zwischen Leo und seinem Vater.

4 — Welche Wünsche hast du? Schreibe sie auf.

## Das Gespenst im Gurkenglas

*Im Gurkenglas entdeckt Willi den Gurkerich.*

*Daniela Kulot-Frisch*

1 — Wie könnte sich Willi ein Gespenst vorgestellt haben?

2 — Was muss Willi tun, wenn er sich um das Gespenst kümmert? Wie könnte die Geschichte weitergehen? Seite 92

# Achtung! Spukzeit!

In der Nacht, in der Nacht,
wenn der bleiche Mond erwacht,
hört man vor des Schlosses Toren
grässlich grausiges Rumoren.

Eine Stimme zischelt: „Hier!
Schlossgespenster! Folget mir!
Es ist Spukzeit! Aufgewacht!
Horch! Gleich schlägt es Mitternacht!“

Da! Kaum hat es zwölf geschlagen,
geht’s dem Schlossherrn an den Kragen.
Denn schon flitzen sie herbei
mit Gewimmer und Geschrei!

Flattern wild durch Tor und Fenster –
hundertdreizehn Schlossgespenster!
Rumpeln, pumpeln, kichern, keuchen!
Bis sie – hui! – ganz schnell entfleuchen.

Schluss! Die Spukzeit ist vorbei.
Morgen spuken sie aufs Neu.

*Roswitha Fröhlich*

1 — Lies das Gedicht. Sprich dabei ganz schaurig.

2 — Was tun die Gespenster? Zähle es auf.

3 — Was bedeutet es, wenn die Gespenster dem Schlossherrn an den Kragen gehen?

4 — Was würdest du als Gespenst in der Nacht machen? Erzähle.

Sinngestaltend lesen
Unbekannte Ausdrücke klären

Reimwörter zuordnen und finden
→ AH S. 13

# Die Morgenbrille

Es klopft. Das Geräusch der Türklinke weckt Jonas auf. Ein scharfer Lichtstrahl fällt durch den Türspalt ins Kinderzimmer. Dann öffnet sich die Tür langsam. Blinzelnd erkennt Jonas eine dunkle Gestalt im Türrahmen.

„Guten Morgen!“, ruft Mutter. „Jonas, aufstehen!“ Sie knipst das Licht an. Das helle Licht sticht Jonas in die Augen. Das tut richtig weh. Schnell verkriecht er sich tief in seine Schlafhöhle. Er zieht die Bettdecke bis über den Kopf. „Aufstehen!“, ruft Mutter noch einmal.

Unwillig krabbelt Jonas unter seiner Bettdecke hervor. Er blinzelt ins Zimmer. Dieses grelle Licht! Er hält die Hände vor sein Gesicht.

*Bald darauf darf sich Jonas vom Erfinder Professor Turbozahn eine Erfindung wünschen.*

Jonas sagt zögernd: „Ich wüsste schon eine Erfindung, die ich gebrauchen könnte.“ „Da bin ich neugierig.“

***KNISTER** schreibt auf seiner Homepage: Ich bin Erfinder von Geschichten und Musiken. Aufgeschrieben habe ich sie mit einem Computer. Ein großer PC steht bei mir zu Hause und ein kleiner steht auf einem* *. Aus den Geschichten mache ich dann*  *oder*  *oder* *.*

„Eine Morgenbrille, mit der mir morgens nicht die Augen schmerzen“, erklärt Jonas. „Verstehe. Sehr gut! Müsste weich sein. Unzerbrechlich. Vielleicht mit eingebauter Leselampe. Verstehe. Natürlich wasserdicht, für Unterwasserschläfer. Verstehe. Sehr gut! Wird gemacht!“

„Und was kostet eine solche Brille?“, will Jonas wissen. Justus Turbozahn reibt mit seinem rechten Finger über seine Stirn. Gleichzeitig zieht er seine Nase kraus und wackelt mit den Ohren. Das sieht zu komisch aus. Aber es ist sein Erfindergesicht. Das macht er immer, wenn er etwas erfindet oder scharf nachdenkt. „Ich hab es!“, sagt er. „Deine Morgenbrille kostet dich zwei neue Ideen.“

Jonas versteht nicht. Er fragt: „Wie meinen Sie das?“ Der Professor erklärt: „Also, was mir fehlt, sind Ideen. Und die hast du. Du denkst dir zwei Sachen aus, die noch nicht erfunden sind, damit ich sie erfinden darf. Dafür erfinde ich dir deine Morgenbrille.“

1 — Versuche, ein Erfindergesicht zu machen.

2 — Welchen Einfall von Professor Turbozahn findest du merkwürdig?

3 — Was soll die Morgenbrille kosten? Warum?

4 — Welche Erfindung würdest du dir wünschen?

# Wenn ich …

Wenn ich eine Erfinderin wäre, …

Wenn ich einen Zwerg hätte, …

Ich träumte, ich könnte …

Wenn ich Astronautin wäre, …

Wenn ich ein Pinguin wäre, …

Ich träumte, ich wäre …

Wenn ich ein Zauberer wäre, …

Wenn ich einen Riesenkraken hätte, …

1 — Suche dir einen Anfang aus.
Erzähle oder schreibe eine Geschichte dazu. Seite 86

# Wenn ich einen Zwerg hätte, ...

Diese Geschichten haben Kinder aus der 2a der Martinus-Schule in Bad Orb geschrieben.

Wenn ich einen Zwerg hätte, dann würde ich in einem kleinen Haus wohnen in einem großen Wald. Er würde mit mir spiden. Draußen würden die schönstan Blumen wachsen und duften. Wir würden alles zusammen machen. Draußen würden Kräuter wachsen. Wir würden Tee kochen und Essen machen. Wir könnten malen. Er könnte mich auch retten. Er würde mit mir Verstecken spielen. Ende.

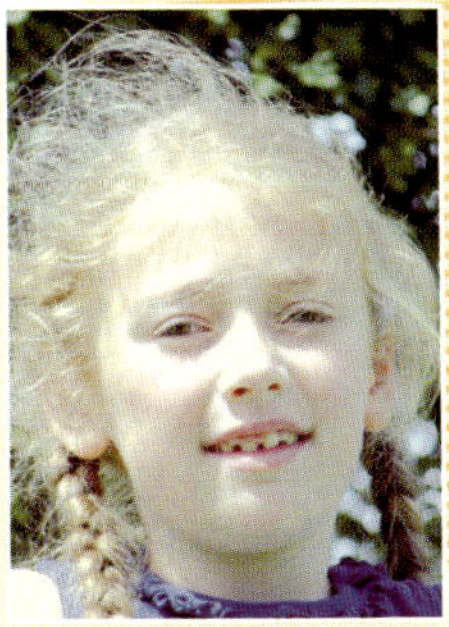

***Anna*** *ist 7 Jahre alt. Sie malt gerne Blumen und probiert dabei aus, welche Farben gut zusammenpassen. Sie geht in den Ballettunterricht.*

Wenn ich einen Zwerg hätte, würde ich mit ihm in die Schule gehen, weil er Zauberkraft hätte und mir alles verraten hätte. Ich hätte nämlich eine Arbeit geschrieben.
Dann hätte der Zwerg mich mitgenommen ins Zwergenland, damit ich zaubern lerne. Meine Mama und mein Papa hätten schon Suchzettel gemacht. In der Weile wäre ich schon fleißig am Lernen. Ich hätte gerade die Zaubersprüche gelernt, das wäre ganz schön anstrengend gewesen, und ich hätte die Note 2 gekriegt. Meine Lehrerin hätte gesagt: „Fürs Erste nicht schlecht."

***Yanik*** *ist 8 Jahre alt. Am liebsten spielt er mit seinen Freunden und seinem älteren Bruder im Wald. Dort bauen sie richtige Höhlen.*

1 — Lies die Geschichten. Welche gefällt dir am besten? Warum?

# Zusammengesetzte Nomen

**1** — Warum zaubert Lars den falschen Hut?

Hexen-
Butter-
Sonnen-
Cowboy-

Brot-
Schnee-
Hexen-
Stroh-

Spuk-
Märchen-
Tür-
Dose-

**2** — Welche Nomen kannst du zusammensetzen? Schreibe sie auf.
Achtung: Immer ein Wort passt nicht! Seite 106

**3** — Mit den drei Wörtern, die übrig bleiben, kannst du ein Riesenwort zusammensetzen. Wie heißt es?

**4** — Wähle einen Kasten aus. Schreibe zu jedem zusammengesetzten Nomen einen Satz.

# Zusammengesetzte Nomen nachschlagen

1 — Setze die Nomen zusammen.

2 — Schlage die Wörter in der Wörterliste nach.
Worauf musst du achten?

3 — Schreibe die Wörter auf:
Geister + Bahn → Geisterbahn
Kegel + Bahn → ...

4 — Diese Nomen findest du nicht in der Wörterliste.
Wie kannst du sie nachschlagen? Seite 106

5 — Schreibe die zusammengesetzten Nomen auf.
Schreibe immer auch die Seitenzahlen von der Wörterliste dazu:
Schaukel + Pferd → Schaukelpferd (Seite 213 + 212), ...

Komposita zusammensetzen
Komposita nachschlagen

Komposita nachschlagen
→ AH S. 15

# Langer oder kurzer Selbstlaut?

Rose – Rosse

Schal – Schall

raten – Ratten

Ofen – offen

1 — Lies die Wortpaare. Was fällt dir auf?

2 — Schreibe die Wörter in eine Tabelle.
Markiere die kurzen Selbstlaute mit einem Punkt,
die langen Selbstlaute mit einem Strich. Seite 127/128

| langer Selbstlaut | kurzer Selbstlaut |
| --- | --- |
| Rabe | Pumpe |

# Verdoppelte Mitlaute

1 — Wie sortiert der Zauberer?

2 — Schreibe alle Wörter in eine Tabelle.
Markiere, ob der Selbstlaut lang oder kurz ist. Seite 128/129

| kurzer Selbstlaut + verschiedene Mitlaute | kurzer Selbstlaut + verdoppelter Mitlaut |
|---|---|
| Rind | Brille |

3 — Wie heißen die Wörter? Schreibe nur die Wörter mit verdoppeltem Mitlaut auf. Seite 130

# Spielende Spinnen in Spinien

Spielende Spuk-Spinnen sprechen nicht schlecht.
Sie sprechen zum Beispiel
in Spanien spanisch,
in Spunien spunisch und
in Spinien spinisch.

Spaßige Spuk-Spinnen sprechen nicht gern.
Sie spuken lieber als Gespenster
auf Spielplätzen und in Spiegelsälen.

Sparsame Spuk-Spinnen sprechen überhaupt nicht.
Sie gehen spazieren,
spucken in Speise-Eis
und sparen Spielgeld.

1 — Lies den Text. Betone Sp/sp besonders. Seite 125

2 — Wie heißen die Wörter mit *St*? Schreibe sie auf.
Achtung: Ein Wort beginnt nicht mit *St*. Seite 125

3 — Denke dir witzige Sätze mit *St/st* und *Sp/sp* aus.
Die Wörterliste hilft dir. Lies die Sätze betont vor.

# Dein Schreibtraining

Jonas baut ein tolles Raumschiff.
Er will zu den Sternen starten.
Er ist Kapitän Spuk.

Anja hat ein Geisterbuch.
Da spukt ein Schlossgespenst.
Es lässt seine Ketten rasseln
und springt über knarrende Treppen.

Der schnelle Raketenwagen steht auf der Straße.
Er hatte eine Panne. Kann er bald wieder rollen
oder muss er zur Werkstatt?

1 — Schreibe einen Text ab oder übe ihn als Diktat. Seite 116, Seite 118/119

2 — Kontrolliere deinen Text genau. Schreibe deine Fehlerwörter auf die Trainingskarte. Seite 120

essen die Klasse offen die Puppe rennen retten
schnell wollen spielen der Sport sprechen
stellen der Stift still der Stuhl die Stunde

3 — Schreibe die Wörter ab und markiere die kurzen Selbstlaute mit einem Punkt. Seite 127/128

4 — Diktiert euch gegenseitig die Wörter. Schreibe deine Fehlerwörter auf die Trainingskarte. Seite 120

Schreibtraining: Abschreibtexte, Modellwörter für Doppelkonsonanz und *Sp/sp; St/st*

# Die geheimnisvolle Flasche

*Manchmal kann Emma nachts nicht schlafen.*
*Dann geht sie mit ihrem Hund Tristan ans Meer.*

In klaren Nächten, wenn der Mond eine silberne Straße
aufs Wasser goss, stellte Emma sich vor,
dass am anderen Ende das schönste,
wundersamste Land der Erde lag.
Auf Kamelen ritt man dort,
und Palmen wiegten sich im warmen Wind.
Brüder gab es da nicht, höchstens ein paar klitzekleine,
die ganz friedlich waren und
nur an Samstagen kämpfen wollten.
Niemand ging zur Schule oder musste arbeiten.

Eines Nachts, als Emma wieder mal mit Tristan und
ihrem Kissen an den Strand gestapft kam,
trieb im mondsilbernen Meer eine Flasche.
Nur ein paar Schritte entfernt vom Strand schwamm sie.
Hinter dem grünen Glas schimmerte und flimmerte es,
als hätte jemand tausend Glühwürmchen hineingesperrt.

Emma versuchte, die Flasche aus dem Wasser zu fischen, aber ihre Arme waren mindestens einen halben Meter zu kurz. Also trottete Tristan in die kalten Wellen. „Was da wohl drin ist?“, murmelte Emma, als er ihr die Flasche vor die Füße fallen ließ. „Meinst du, ich sollte sie aufmachen?“

Das Leuchten und Flimmern beunruhigte sie etwas, aber Tristan blickte sie an und schmatzte –, was so viel bedeutete wie: „Natürlich sollst du sie aufmachen!“ Bei „besser nicht“ hätte er ihr den Hintern zugedreht.

„Gut. Wie du meinst“, sagte Emma. „Aber wenn was Schlimmes passiert, bist du schuld.“ Dann zog sie den Pfropfen aus dem Flaschenhals.

Kornblumenblauer Rauch quoll aus der Flasche, mehr und immer mehr. Emma stolperte erschrocken zurück, und Tristan steckte den Kopf in den Sand. Die blaue Rauchwolke bekam Arme und Beine und einen kahlen Kopf, auf dessen Glatze sich das Mondlicht spiegelte.

*Cornelia Funke*

1 — Warum ist Emma neugierig auf die Flasche?

2 — Wie zeigt Tristan, was er meint?

3 — Wie sieht der Flaschengeist aus? Male ihn.

4 — Wie könnte die Geschichte weitergehen? Schreibe es auf.
Seite 92

# Prinzessin Luftikusine

In einem Schloss am Fluss lebte Prinzessin Luftikusine mit ihren Eltern. Warum sie so einen lustigen Namen hatte? Weil sie als Baby vor Freude schrie, wenn man sie in die Luft warf. Weil sie so hoch wie ein Floh hüpfen konnte. Weil sie auf der Schlossmauer ohne Angst balancierte. Weil ihr Baumspielhaus in der höchsten Baumkrone stand. Weil ihr Lieblingsspielplatz die Spitze des mächtigen Schlossturmes war.

Dort saß sie oft und träumte davon, was sie einmal werden wollte. Natürlich sollte es etwas Tolles sein – hoch oben in der Luft, vielleicht sogar über den Wolken. Einige Ideen hatte sie schon:

Pilotin
Dachdeckerin
Schornsteinfegerin
Heißluftballonfahrerin
oder ...

Aber es kam der Tag, an dem der König und die Königin ihre Tochter Luftikusine zu einem ernsten Gespräch riefen.

 Luftikusine, wir müssen mit dir reden.

 Ja, klar! Was gibt es denn?

 Du musst auf den Boden kommen!

 Wie meint ihr das?

 Du kannst nicht nur träumen und den ganzen Tag im Schlossgarten herumtoben.
Und du musst aufhören,
dich wie ein Junge zu benehmen.
Eines Tages wirst du das Königreich regieren.

 Ich möchte aber gar nicht Königin werden.

 Was? Aber was willst du denn dann werden?

1 — Lest den Text leise.

2 — Warum wird Luftikusine von ihren Eltern zu einem Gespräch gerufen?

3 — Lest das Gespräch mit verteilten Rollen.

4 — Wie könnte das Gespräch weitergehen? Spielt es.

5 — Was würden die Eltern tun, wenn Luftikusine ein Prinz wäre?

Fragen zum Text beantworten
Mit verteilten Rollen lesen
Über Rollenerwartungen sprechen

Lese-Test → AH S. 16

# Berufe für Männer und Frauen

„Ich werde mal Krankenschwester“, sagt Daniel und holt aufgeregt den Arztkoffer aus dem Regal. „Kannst du ja gar nicht“, widerspricht Line und kniet sich neben ihn. „Höchstens Krankenbruder.“

Daniel nickt und nimmt das Fieberthermometer heraus. „Ich werde mal so was wie Superman“, sagt Line und guckt schnell zu Daniel hin, ob er sie auslacht. „Oder Cowboy.“ Malte hat sie nämlich ausgelacht. Malte meint, das können nur Männer werden.

„Ja?“, staunt Daniel und sieht sie bewundernd an. „Echter Cowboy?“

1 — Lest den Text mit verteilten Rollen.

2 — Line will Cowboy werden. Was denkt Malte, was denkt Daniel darüber?

3 — Bei welchen Berufswünschen würde Malte Line wohl auch auslachen?

Lehrer

Gärtner

Forscher

Verkäufer

Bäcker

4 — Schreibe die Berufe mit dem richtigen Artikel in eine Tabelle:

| Männer | Frauen |
| --- | --- |
| der Arzt | die Ärztin |

# Krimskrams

Papa will die Hosen von
Leon und Lena waschen.
Er nimmt die Hosenbeine
und schüttelt kräftig.
Oh Schreck!
Was fällt denn da alles aus
den Hosentaschen heraus?

1 — Finde die 13 Sachen aus den Hosentaschen.

2 — Gibt es Sachen, die nur in Leons Tasche oder nur in Lenas Tasche gewesen sein können? Begründet.

3 — Schreibe die Wörter einzeln auf. Denke daran: Nomen schreibt man groß. Seite 103

4 — Was hast du manchmal in den Hosentaschen? Schreibe es auf.

# Marlene Räuberhauptfrau

*Marlene möchte gern in einer Räuberbande mitmachen. Sie spricht mit ihrem Vater darüber.*

„Dann musst du dir eben eine Bande suchen“, sagt er. „Du hast doch Freunde.“

Er meint wahrscheinlich Maria, die in der Schule neben Marlene sitzt. Maria ist Marlenes Freundin, aber das Räuberleben findet sie nicht so interessant.

Sie interessiert sich eigentlich nur für Pferde. Pferde sind auch für Räuber nicht schlecht. Aber die Pferde, die Maria reitet, dürfen immer nur in einer Halle im Kreis rumlaufen. Marlene würde nur reiten, wenn sie mit ihrem Pferd durch den tiefen Wald galoppieren dürfte.

„Was ist mit dem Nachbarjungen?“, sagt Papa. „Wie heißt er?“ „Manuel“, flüstert Marlene.

***Bettina Obrecht** wurde 1964 in Lörrach geboren. Später hat sie Spanisch und Englisch studiert. Deshalb schreibt sie nicht nur viele Kinderbücher, sondern arbeitet auch als Übersetzerin.*

„Der sieht doch so aus,
als würde er gerne Räuber spielen.“
„Der hat aber schon eine Bande.“
Marlene senkt den Kopf.
Sie mag Papa nicht ansehen,
wenn sie über Manuel spricht.

„Um so besser!“, ruft Papa.
„Dann wirst du eben Hauptfrau in Manuels Bande.“
Marlene schüttelt den Kopf.
Papa seufzt. „Na gut,
vielleicht kannst du ja nicht gleich Hauptfrau werden.
Das wäre ja auch ein bisschen viel verlangt.
Aber das ist doch nicht so schlimm.
Wenigstens hast du dann eine Bande.“

„Die spielen nicht mit Mädchen“, sagt Marlene.
„Quatsch. Wo leben wir denn?
Nicht mit Mädchen spielen!
Das glaube ich nicht.“

1 — Beantworte die Fragen. In welcher Zeile steht die Antwort?
- Wer ist Maria?
- Warum kann Marlene nicht Mitglied in Manuels Räuberbande werden?

2 — Marlenes Vater glaubt nicht, dass Manuel nicht mit Mädchen spielt. Was meint ihr dazu?

Fragen zum Text beantworten (Belegen)
Eigene Einschätzungen diskutieren

## Streitgespräch

Selina und Moritz sind ganz verschiedener Meinung.
Sie setzen sich gegenüber auf zwei Stühle.
Die Stühle stehen zwei Meter auseinander.
Nun beginnen sie das Streitgespräch.
Wer die Meinung des anderen ein bisschen versteht,
rückt seinen Stuhl etwas heran.

1 — Spielt das Streitgespräch.

2 — Hört genau zu. Werden die Regeln für das Streitgespäch beachtet?

1 — Lies dir die Zettel laut vor. Was fällt dir auf?

2 — An welchen Stellen musst du einen Punkt setzen?
Seite 100/101

3 — Suche dir zwei Zettel aus. Schreibe die Sätze mit den Punkten auf. Denke daran, dass du am Satzanfang großschreiben musst. Seite 107

Am Ende eines **Aussagesatzes** steht ein **Punkt**.

## Freizeit

1 Paul ist eine richtige Leseratte.

2 In jeder freien Minute liest er ein Buch.

3 Heute ist auf dem Fußballplatz viel los.

4 Sofie steht zum ersten Mal im Tor.

5 Am liebsten mag er Abenteuergeschichten.

6 Wenn er liest, vergisst er alles um sich herum.

7 Alle wollen sehen, ob sie die Bälle halten kann.

8 Sie hat viel trainiert, und sie fühlt sich stark.

9 Er erlebt alles mit wie die Helden in seinem Buch.

10 Paul denkt: Wer viel liest, kennt die halbe Welt.

11 Jetzt der Schlusspfiff! Kein Ball kam an ihr vorbei.

12 Ihre Mannschaft ist stolz auf sie.

1 — Lies den Text. Fällt dir etwas auf?

2 — Welche Zeilen gehören zu Pauls Geschichte?

3 — Welche Zeilen gehören zu Sofies Geschichte?

4 — Schreibe eine oder beide Geschichten getrennt ab. Finde auch Überschriften dazu. Seite 116

# Geschichten weitererzählen

In einer Burg,
hoch oben auf
einem Berg, lebten
die Rittersporns
es war eine sehr
lustige Familie

am Abend gingen
sie nicht ins Bett
sie legten sich
ins Gras

der Vater trank
den Beerensaft
aus Stiefeln die
Mutter aß …

In einer Burg,
hoch oben auf
einem Berg, lebte
Ritter Eisenhart

er war sehr allein
eines Abends
klopfte es ans
Tor vorsichtig
öffnete der Ritter

erschrocken
machte er einen
Schritt zurück
vor ihm …

1 — Entscheide dich für eine Geschichte und schreibe sie ab. Setze dabei die fünf fehlenden Punkte ein und schreibe die Satzanfänge groß. Seite 100

2 — Wie könnte die Geschichte weitergehen? Schreibe es auf. Seite 92

3 — Vergleicht das Ende von euren Geschichten.

# d oder t? b oder p? g oder k?

Anne will das Wort  schreiben.

Anne hört am Ende ein *t*.

Anne macht
die Verlängerungsprobe.

Anne hört nun ein *d*.
Anne schreibt *Kleid*.

| | | | | | |
|---|---|---|---|---|---|
| Klei? | Kleider | Kleid | Hu? | Hüte | Hut |
| We? | Wege | Weg | Sie? | Siege | Sieg |

1 — Schreibe die Wörter auf. Mache immer die Verlängerungsprobe:
die Äste – der Ast, … Seite 133, 135

lie · wil · bun · blin · klu · star · gel · schwieri

2 — Wie kannst du hören, welchen Buchstaben du schreiben musst?
Schreibe die Wörter auf. Kontrolliere mit der Wörterliste. Seite 134


Auslautverhärtung bei Nomen und Adjektiven
(Verlängerungsprobe)
Wörter nachschlagen

# b oder p? g oder k? – die Wir-Probe

er zei ? t | sie kle ? t | es pie ? t | sie schen ? t

1 — Jan macht die Wir-Probe. Erklärt, wie die Wir-Probe geht.

2 — Schreibe die Verben auf: zeigen – er zeigt, ... Seite 122, 134, 135

## Dein Schreibtraining

- Anna ist Pauls beste Freundin.
  Paul zeigt ihr sein neues Hemd. Sie findet es toll.

- Lea klebt aus farbigem Papier ein Bild.
  Es zeigt einen Korb mit bunten Blumen.
  Vielleicht wird Lea einmal Gärtnerin.

- Jan bringt das neue Zelt in den Garten.
  Es ist gelb wie der Mond. Am Abend baut er es
  mit seinem Freund auf. Hoffentlich hält es.

3 — Übe einen Text als Diktat. Seite 118/119

4 — Schreibe deine Fehlerwörter auf die Trainingskarte. Seite 120

das Band der Dieb der Freund der Hund der Korb der Weg der Zug
billig gelb gesund rund fragen kleben leben legen schweigen

5 — Diktiert euch gegenseitig die Wörter. Schreibe deine Fehlerwörter auf die Trainingskarte. Seite 120

# Einladungen schreiben

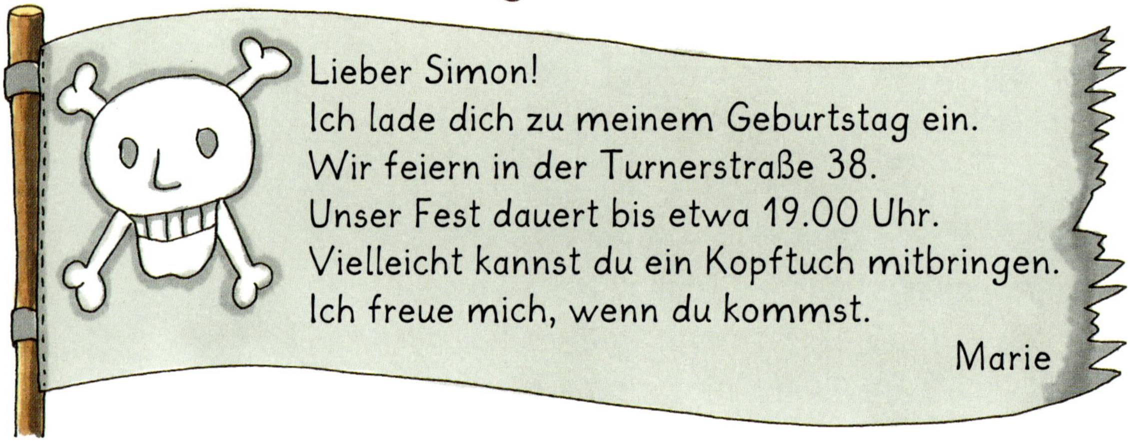


1 — Was muss in einer Einladung stehen? Seite 95

2 — Was steht wohl auf den umgedrehten Puzzleteilen?

3 — Was fehlt in der Einladung von Marie?

4 — Zu welchen Festen kannst du noch einladen?
Schreibe und gestalte selbst eine Einladung.

# Gleiche Rechte, ohne gleich zu sein

| | |
|---|---|
| Jungen sprechen: | Jungen spiel'n gern Fußball, |
| Mädchen sprechen: | manche Mädchen ebenso. |
| Alle sprechen: | Und wer da dumm lacht, |
| Alle zeigen den Daumen nach unten: | ist – so, so, so. |

| | |
|---|---|
| Mädchen sprechen: | Mädchen mögen Puppen, |
| Jungen sprechen: | manche Jungen ebenso. |
| Alle sprechen: | Und wer da dumm lacht, |
| Alle zeigen den Daumen nach unten: | ist – so, so, so. |

1 — Erfindet selbst eine Strophe dazu. Seite 91

Lied singen und chorisches Sprechen üben
Neue Strophen erfinden

## In der Lese-Ecke

1 — In welchem Fach würdest du ein Buch über Tiger suchen?

2 — Mats erzählt zuerst, worum es im Buch geht. Warum?

**3** — Warum haben die Kinder das gelbe Plakat gemacht?

**4** — Warum haben die Kinder eine Lese-Karte wie auf dem blauen Plakat?

# Ein Buch für Bruno

Ulla Herz war gerne zu Hause. Den ganzen Tag konnte sie in der Bibliothek ihres Vaters sitzen, ohne sich zu langweilen. Sie las oder dachte nach oder sah sich die Bilder in den Büchern an. Ihr Vater hatte sogar ein Regalbrett für Ullas eigene Bücher freigeräumt.

Bruno Würfel kam jeden Tag am Haus der Familie Herz vorbei. Er hatte für Ulla nicht besonders viel übrig. Wenn er aber etwas Neues hatte, einen Aufkleber, ein T-Shirt, eine Kappe oder einen Gürtel, dann klingelte er, kam kurz herein, und Ulla musste sagen, wie sie das Neueste fände.

Sie konnte ihn trotzdem gut leiden und hätte sehr gerne gehabt, dass er länger geblieben wäre. Deshalb versuchte sie es eines Tages mit dem Buch.

Ulla stellte sich so vor ihn hin, dass er das Pflaster einfach sehen musste. Und er sah tatsächlich hin!

„Schlangenbiss“, sagte sie und wartete. „Hier in der Wohnung?“, sagte Bruno. „Ja, aber sie kam aus dem Buch …“, sagte Ulla. „Aus welchem denn?“, fragte Bruno. Da holte Ulla tief Luft: „Da oben, das blaue. Ich glaube, es ist ein Zauberbuch. Alles da drin kann lebendig werden, nicht nur die Schlange. Man muss sehr vorsichtig lesen …“

„Glaub ich nicht“, sagte Bruno. „Zeig!“ Ulla stieg auf die Leiter und holte aus dem letzten Regalbrett das Buch. Sie legte es auf den Boden und schlug vorsichtig den Buchdeckel um. Und sie fing an, leise vorzulesen …

***Nikolaus Heidelbach***
*lebt als Künstler und Autor in Köln. Schon als Schüler hat er Bücher geschrieben und illustriert.*

Ulla zupfte das Lesebändchen zurecht und klappte das Buch zu. Bruno sah sich verwundert um: „Wo sind wir gewesen?“ „Im Buch“, sagte Ulla und sah sehr zufrieden aus. „Übrigens hast du dich da am Hals verletzt … Pflaster?“

1 — Weshalb will Ulla, dass Bruno mit ihr liest?

2 — Warum sieht sich Bruno verwundert um?

3 — Was könnte in der Geschichte passiert sein, die Ulla vorgelesen hat?


Lese-Test → AH S. 20

# Bücher auswählen

1 — Die Titelseite eines Buches heißt Cover. Schau dir die Buchcover an. Welches Buch möchtest du gern lesen?

2 — Lies nun den Rückentext. Was weißt du jetzt mehr über das Buch?

Die kleine lachte. „Komm, ! Ich hexe dich grün." Sie ging mit ihm in die . Oben auf dem standen 4 , eine grüne , eine rote , eine gelbe und eine blaue . Die kleine stellte einen großen mit auf den und tat aus der grünen 10 hinein. Mit einem rührte sie kräftig um.

*Der kleine Fuchs ist allein*

Der kleine Fuchs lag ganz allein
im Gebüsch und fürchtete sich.
Er wartete auf seine Mutter.

Nur wer vornehme Eltern hatte,
konnte ein Ritter werden.
Schon im Alter von sieben Jahren
musste ein Junge dann fort von zu Hause.
Er trat als Page in den Dienst
eines anderen Ritters.
Die Burgherrin kümmerte sich darum,
dass er höflich wurde.
Denn ein Page musste wissen,
wie man sich bei Hof benahm.
Ein Ritter schmatzte nicht beim Essen.

3 — Welcher Text ist aus welchem Buch?

4 — Welches Buch möchtest du gern weiterlesen?

# Der Findefuchs

Der kleine Fuchs lag ganz allein im Gebüsch und fürchtete sich. Er wartete auf seine Mutter. Aber seine Mutter konnte nicht kommen. Der Jäger hatte sie totgeschossen.

Die Zeit verging. Es begann zu regnen, und der kleine Fuchs fürchtete sich immer mehr. Er fror. Er hatte Hunger. Er winselte und weinte.

Da kam eine Füchsin vorbei. Sie hörte, wie der kleine Fuchs winselte. Eigentlich wollte sie weiterlaufen. Sie hatte drei Kinder zu Hause in ihrem Bau, die warteten auf sie. Doch weil der kleine Fuchs so jammerte, kroch sie zu ihm ins Gebüsch.

„Was ist denn los mit dir?“, fragte die Füchsin und stupste mit der Pfote gegen seinen Kopf. Der kleine Fuchs winselte noch lauter. Er winselte, wie kleine Füchse winseln, wenn sie Hunger haben. „Hast du keine Mutter mehr?“ Sie beugte sich über den kleinen Fuchs und schnüffelte.

Er roch, wie kleine Füchse riechen. Er war weich und wollig, wie kleine Füchse sind. „Armer kleiner Findefuchs“, sagte die Füchsin und strich mit der Pfote über sein Fell.

# Internet-Fragen zum Buch beantworten

**Frage**

**Warum wartete der kleine Fuchs vergeblich auf seine Mutter?**

- Sie fand den Weg nicht mehr zurück.
- Sie war in einer Falle gefangen.
- Der Jäger hatte sie totgeschossen.

**Frage**

**Wer kam am Gebüsch vorbei, in dem der kleine Fuchs lag?**

- Der Förster
- Eine andere Fuchsmutter
- Fuchsjungen

überspringen

**Frage**

**Wie nannte die fremde Mutter den kleinen Fuchs?**

- Füchsli
- Kleinerle
- Findefuchs

**Frage**

**Da er so hungrig war, gab sie ihm .....**

- Fleisch.
- Fisch.
- ihre Milch zu trinken.

überspringen

1 — Immer eine Antwort ist richtig. Welche?

2 — Welche Frage kannst du nicht beantworten? Warum nicht?

# Adjektive

**1** — Warum hat Laura das falsche Buch gebracht?

**2** — Welches Wort hilft Laura, das richtige Lexikon zu bringen?

Lese-Karte für Elena

Lese-Karte für Klaus

Lese-Karte für Robin

| Titel des Buches | Autor/Autorin | Wie fand ich das Buch? |
|---|---|---|
| Schnuddelbuddel | Janosch | lustig |
| Hanno malt sich einen Drachen | Irina Korschunow | traurig |
| | | |

**3** — Die Kinder schreiben auf, welche Bücher sie gelesen haben und wie sie ihnen gefallen haben. Mit welchen Wörtern sagen sie, wie sie die Bücher fanden? Seite 111

**Adjektive** sagen, wie etwas ist.



Farbadjektive → AH S. 22

# Der Bücher-Rekord-Tag

Am Bücher-Rekord-Tag bringen die Kinder das dickste, das dünnste, das älteste, das neuste, das traurigste und das witzigste Buch mit.

1 — Die Kinder vergleichen ihre Bücher. Suche die Adjektive heraus und schreibe sie so auf: lustig – lustiger – am lustigsten, …

2 — Finde noch mehr Adjektive und schreibe sie so auf. Das Bild vom Bücherregal hilft dir. Seite 112

**Adjektive** kannst du **steigern**. Daran kannst du sie erkennen:
*groß – größer – am größten*

# Was ist gemeint?

Die süße Milch liefert der Bau,
sie steht und wird dann dick und sau.
Wer davon isst, wird klug und stark
durch diesen weichen, weißen ...

Zu zweit, doch sicher auch zu viel,
kann man mit diesen Karten spiel.
Wenn man gewinnt, ist das ganz nett.
Vier Karten nennt man ein ...

Pass auf, ich will dir etwas zeig.
Siehst etwas in die Luft du steig?
Es quillt hervor, höchst ungesund,
bei manchen Menschen aus dem Mund.

Sie schwimmt im Wass,
sie brennt wie Feu.
Was ist das
für ein Ungeheu?

1 — Schreibe die vier Lösungswörter auf.
Sie beginnen mit dem gleichen Buchstaben.

2 — Setze für *er* oder *en* ein und schreibe die Wörter richtig auf.

3 — Suche in der Wörterliste fünf Wörter mit *Qu* oder *qu* und schreibe sie auf.

| | | | | | |
|---|---|---|---|---|---|
| Bod | Brud | Fad | Hak | Koff | Kuch |
| Kük | Lehr | Mutt | Schwest | Vat | Wag |

4 — Setze *er* oder *en* ein und schreibe die Wörter auf.

# Selber dichten

Auf Mauern lauern Zauberer.
Auf grauen Mauern lauern Zauberer.
Auf grauen Mauern lauern blaue Zauberer.
Auf grauen Mauern lauern lauter blaue Zauberer.

1 — Warum nennt man ein solches Gedicht Treppen-Gedicht?

Eine Meise reist.
Eine kleine Meise reist.

2 — Suche in der Wörterliste weitere Wörter mit *ei*.
Achte dabei nur auf das *ei*. Schreibe die Wörter auf.

3 — Schreibe das Gedicht weiter.
Wähle dazu die passenden Wörter aus.

Es war einmal ein Kind,
das kaufte sich ein Rind.
Das Rind war ihm zu groß,
da kauft es sich ein Floß.
Das Floß war ihm zu schmal,
da kauft es sich …

4 — Lies das Gedicht leise.
Wie ist es gemacht?

5 — Schreibe das Gedicht ab und dichte es weiter. Seite 91

## Dein Schreibtraining

Jule und Tom lesen Quatschgeschichten vor.
Vater und Mutter staunen.
Sie kaufen das kleine Buch.

Leon schaut erstaunt.
Im Zauberbuch wird ein graues Ei
in ein kleines Baumhaus verwandelt.
Sogar der Schornstein qualmt.

Paul und seine Schwester besuchen
jeden Freitag die Bücherei.
Die beiden wollen alles über Kaulquappen
und quakende Frösche wissen.

1 — Schreibe einen Text ab oder übe ihn als Diktat.
Seite 116, 118/119

2 — Schreibe deine Fehlerwörter auf die Trainingskarte. Seite 120

arbeiten ausleihen der Bauer der Bruder die Bücherei
einkaufen der Haken die Hausaufgaben heißen keiner
der Leser die Mutter quaken qualmen der Quark quer

2 — Diktiert euch gegenseitig die Wörter. Schreibe deine Fehlerwörter auf die Trainingskarte. Seite 120

Ratschlag
Kraule deinem Lieblingsbuch
öfter mal den Rücken!
Du kannst sicher sein, es knistert
wohlig vor Entzücken.

*Georg Bydlinski*

Schreibtraining und Modellwörter für *-er*, *-en*, *au*, *ei*, und *Qu-/qu-*

# Bücher herstellen

1 — Stelle dieses Büchlein her und schreibe die Sätze auf die Seiten.

2 — Schreibe die Geschichte zu Ende. Die Bilder können dir helfen.
Seite 89, 92

3 — Schreibe eine eigene Geschichte für ein Faltbüchlein.
Schreibe für jede Seite immer nur einen Satz. Seite 86, 87

# Gesprächsregeln

1 — Betrachtet das Bild genau. Wie verhalten sich die Kinder?

2 — Was stört? Was müssen die Kinder ändern?

3 — Lest die Gesprächsregeln an der Tafel und sprecht darüber.

4 — Welche Regeln findet ihr noch? Schreibt eure Regeln auf ein großes Plakat und hängt es in euren Klassenraum.

# Gedichte lernen

1. Lies das Gedicht mehrmals.
2. Lies immer eine Strophe und die ersten Wörter der nächsten Strophe.
3. Schließe die Augen und wiederhole. Sieh nach, wenn du nicht weiterkommst.
4. Sprich nun das ganze Gedicht auswendig. Sieh nach, wenn du nicht weiterkommst.

**Die Dinge reden**

„Ich reime mich auf Zuckerbäcker“,
sagt der alte Rasselwecker.

„Ich reime mich auf Nasenflügel“,
sagt der linke Brillenbügel.

Es brummelt stolz die Tiefkühltruhe:
„Ich reime mich auf Stöckelschuhe.“

Und die Standuhr sagt:
„Merkt ihr es nicht?
Wir sind ein Gedicht!“

*Georg Bydlinski*

**1** — Lerne das Gedicht auswendig. Die Hinweise im Kasten helfen dir.

## Das Interview

1. Überlegt euch Fragen, mit denen ihr möglichst viel erfahrt. Schreibt sie auf Karten.
2. Verteilt die Karten. Wer die Frage stellt, schreibt die Antwort auf die Rückseite der Karte.
3. Überlegt auch,
   - wie ihr euren Gast begrüßt
   - wie ihr euch bedankt
   - wie ihr ihn verabschiedet.

**1** — So könnt ihr ein Interview üben: Ein Kind spielt die Schulleiterin, die anderen Kinder stellen die Fragen.

**2** — Findet noch andere Sätze zur Begrüßung und zur Verabschiedung.

# Stichworte notieren

1. Suche die Wörter aus dem Text, die dir beim Erzählen helfen.
2. Schreibe diese Wörter auf Karten. Nummeriere die Karten, damit du die Geschichte in der richtigen Reihenfolge erzählen kannst.

**Am Strand**

Nils und Marie sind in den Sommerferien mit ihren Eltern ans Meer gefahren. Am Strand bauen sie eine riesengroße Sandburg.

Plötzlich kommt eine große Welle und zerstört die Sandburg. Marie und Nils sind traurig.

Ihr Vater tröstet sie. Dann hilft er ihnen, eine neue Burg zu bauen.

**1** — Welches Wort ist das wichtigste in jedem Abschnitt? Begründe.

**Eine Bootsfahrt**

Am Nachmittag sind Marie, Nils und ihre Eltern in einem kleinen Schlauchboot auf dem Teich.

Als ein kleines Motorboot vorbeisaust, schaukeln sie hin und her. Nils und Marie finden das lustig und schaukeln so lange mit, bis das Boot kentert.

Als alle patschnass wieder im Boot sitzen, müssen sie laut lachen.

**2** — Schreibe aus jedem Abschnitt das wichtigste Wort auf eine Karte.

**3** — Erzähle die Geschichte nach. Benutze dazu die Karten.

# Ideen für Geschichten finden

Es gibt verschiedene Möglichkeiten, Ideen für Geschichten zu finden:

Erzählt euch eure Ideen.

Überlege zuerst eine Überschrift.

Schreibe gleich los, wenn du eine gute Idee hast.

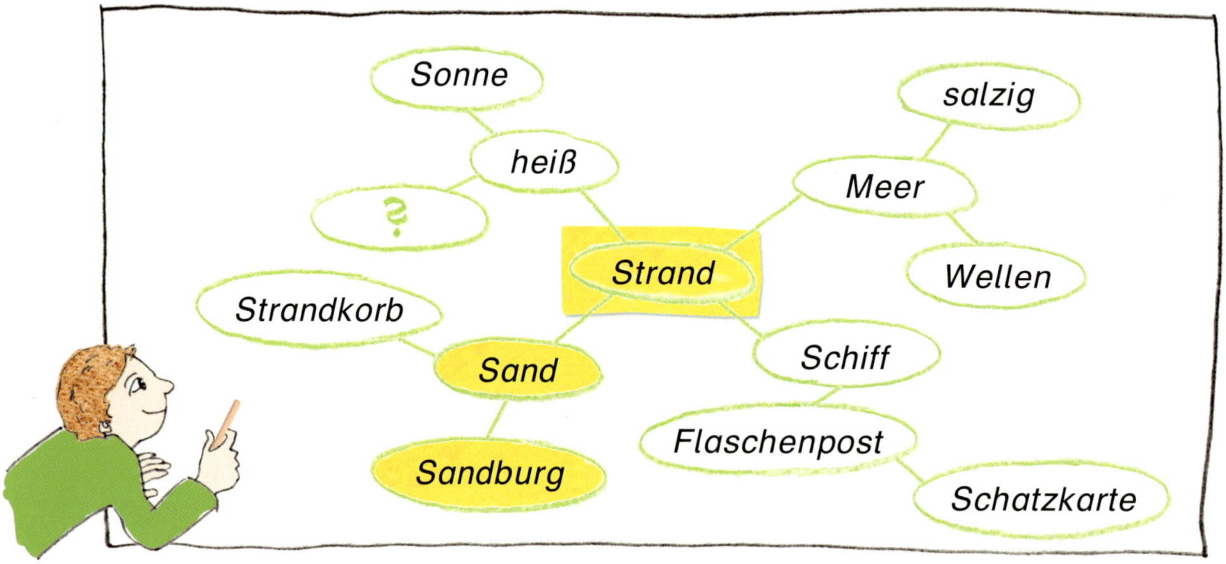


Mache ein Cluster. Das geht so:

- Schreibe ein wichtiges Wort deiner Geschichte mitten auf ein Blatt.
- Schreibe Wörter drumherum, die dir dazu einfallen.
- Markiere die Wörter farbig, die du in der Geschichte verwenden willst.

1 — Schreibe ein Cluster zum Thema *Sommer* oder zu einem anderen Thema.

# Die Text-Tipp-Karte

Diese Tipps gelten für alle Geschichten.

**Text-Tipp-Karte**

| | |
|---|---|
| **Wer, wann, wo?** | Schreibe am Anfang, von wem deine Geschichte handelt und wann und wo sie spielt. |
| **Alles drin?** | Schreibe alles auf, damit man deine Geschichte verstehen kann. |
| **Wichtig?** | Schreibe nichts Unwichtiges auf. |
| **Reihenfolge?** | Schreibe die Sätze so auf, wie es nacheinander passiert ist. |
| **Überschrift?** | Erfinde eine Überschrift, die neugierig macht. |

1 — Schreibt euch die Text-Tipp-Karte.

**Ein aufregender Spaziergang**

**An einem Mittwoch**

Aber das Reh war schneller.

Plötzlich sprang ein großes Reh auf und lief davon.

Mäxchen hatte ein rotes Halsband.

Mäxchen war ganz aufgeregt und lief bellend hinterher.

Eines Tages gingen die beiden auf einer Wiese spazieren.

Der kleine Hund Mäxchen war der beste Freund von Tina.

2 — Zwei Tipps von der Text-Tipp-Karte wurden nicht beachtet.
Welche?

3 — Schreibe die Geschichte verbessert auf.
Wähle auch eine Überschrift aus, die neugierig macht.

# Geschichten zu Fantasiebildern schreiben

1. Sieh dir das Bild an. Was ist das Besondere?
2. Alles, was du schreibst, darf ausgedacht sein.
   - Was passiert jetzt?
   - Was könnte vorher passiert sein?
   - Was könnte dann passieren?

1 — Schreibe eine Geschichte zum Bild.
Beachte die Hinweise im Kasten und benutze die Text-Tipp-Karte von Seite 87.

# Bildergeschichten

1. Was passiert auf den einzelnen Bildern? Sieh genau hin.
2. Gib den Figuren Namen. Was können sie fühlen, denken oder sagen?
3. Überlege, was zwischen den Bildern passiert.
4. Überlege, wie die Geschichte weitergehen kann. Stelle sie dir als Film im Kopf vor.

**1** — Schreibe eine Geschichte zu den Bildern. Beachte dabei die Hinweise im Kasten und benutze die Text-Tipp-Karte von Seite 87.

# Erlebnisgeschichte

1. Erzähle nur, was du wirklich erlebt hast.
2. Schreibe auch, wie du dich dabei gefühlt hast.

**Ein toller Fund**

Letztes Jahr bin ich mit meinen Eltern ans Meer gefahren.
Am zweiten Tag war es so stürmisch, dass wir am Meer nur spazieren gehen konnten. Da habe ich fast ein bisschen Angst bekommen.
Dann haben wir tolle Sachen gefunden, die die Wellen an den Strand gespült hatten: einen Seeigel, eine tote Krabbe und eine Flasche mit einem Zettel darin.
Leider konnte man die Schrift nicht mehr lesen, weil das Papier aufgeweicht war.
Das war ein wirklich aufregender Tag.

Im Sommer waren wir am Strand. Da gab es Muscheln und Krabben und Quallen und Seeigel und einen riesigen Dinosaurier. Da war auch ziemlich viel Wind, und es hat geregnet. Der Regen kam von vorne. Meine Schwester hatte eine gelbe Regenjacke an.
Um zehn Uhr habe ich Brot mit Heidelbeermarmelade gefrühstückt. Deswegen ist sie nicht so nass geworden.
Dann sind wir wieder nach Hause gegangen, und ich hatte einen starken Sonnenbrand.

**1** — Lies die Geschichten und vergleiche sie. In welcher Geschichte wurden die Hinweise aus dem Kasten oben nicht beachtet?

**2** — Welche Geschichte wurde mit der Text-Tipp-Karte von Seite 87 geschrieben?

**3** — Welche Tipps von der Text-Tipp-Karte wurden in der anderen Geschichte nicht beachtet?

# Schreiben nach Vorlage

1. Finde das Muster des Textes heraus. Was ist immer gleich?
2. Halte dich beim Schreiben an dieses Muster.

Frühling
leuchtendes Grün
kleine Käfer krabbeln
ich fühle mich gut
Sonnenschein

Herbst
dichter Nebel
die Blätter fallen
alles ist so grau
Dunkelheit

Winter
schneeweißes Feld
ich gehe rodeln
glasklare Luft um mich
weiß

1 — Vergleiche die Gedichte. Was ist bei allen Gedichten gleich?

2 — Zähle die Wörter in jedem Gedicht. Zähle die Wörter in jeder Zeile.

3 — Welches Muster passt zum Elfchen?

4 — Schreibe ein Sommer-Elfchen oder ein anderes Elfchen.

# Eine Geschichte fortsetzen

1. Was ist bisher geschehen? Welche Figuren kommen vor?
2. Achte darauf, dass die Fortsetzung zum Anfang der Geschichte passt.
3. Denke dir ein passendes Ende aus.

Tim ist auf einer einsamen Insel gestrandet. Seit gestern hat er nichts mehr gegessen oder getrunken. Er ist hungrig und durstig. Da entdeckt er am Strand eine große Kiste aus Holz. Vorsichtig geht Tim näher und hebt mühsam den schweren Deckel an. Quietschend öffnet sich die Truhe ...

... und in der Kiste kommt eine Picknicktasche zum Vorschein. Jetzt kann sie sich endlich satt essen und ihre Freunde müssen auch nicht länger hungern. Vergnügt lassen sie sich das Picknick schmecken.

... und darin liegen echte Piratensachen. Endlich hat er ein passendes Kostüm für das Piratenfest am Abend gefunden. Jetzt kann er doch noch zur Geburtstagsfeier von seinem besten Freund David gehen.

... und Tim entdeckt ein Taschenmesser, ein Feuerzeug und viele Konservenbüchsen. Glücklich öffnet er eine Büchse und isst sich erst einmal satt. Abends am Lagerfeuer hört er, wie sich ein Hubschrauber nähert. Der Pilot hat in der Dunkelheit das Feuer gesehen und bringt Tim sicher zurück nach Hause.

**1** — Lies den Anfang der Geschichte. Lies dann die drei verschiedenen Fortsetzungen. Wo wurden die Hinweise aus dem Kasten befolgt? Wo nicht?

# Briefe schreiben

1. Schreibe die **Anschrift** und den **Absender** auf den **Umschlag**:

   Vorname und Name
   Straße und Hausnummer
   Postleitzahl und Ort

2. Schreibe im Brief **am Anfang** den Ort, das Datum und die Anrede und **am Schluss** die Grüße.

1 — Lies den Brief von Marie und den Umschlag. Überprüfe, ob die Hinweise aus dem Kasten befolgt sind und lies die passenden Stellen vor.

2 — Was ist bei der Postkarte anders?

3 — Überlege dir, wem du einen Brief schreiben möchtest. Vergiss nicht, den Umschlag vollständig zu beschriften.

# Steckbriefe

1. Schreibe zuerst auf, was du schon weißt.
   Schreibe immer nur Stichworte und keine ganzen Sätze.
   Achte auf die Überschriften zu den einzelnen Punkten.
2. Informiere dich bei Fachleuten, in Büchern oder im Internet, wenn du etwas nicht weißt.

**Name:** Austernfischer

**Aussehen:** Kopf, Hals und Rücken schwarz, Unterseite des Gefieders weiß, Schnabel und Füße rot

**Größe:** ca. 40 cm

**Lebensraum:** Meer und Strand

**Nahrung:** Muscheln, Krabben, Schnecken

**Name:** Lachmöwe

**Aussehen:** Kopf und Schwanzspitze schwarz, graue Flügel,

flache Binnengewässer und Küsten

Insekten, kleine Tiere und Aas

ca. 38 cm

weißes Gefieder

**1** — Schreibe den angefangenen Steckbrief über die Lachmöwe ab und ergänze ihn.

**2** — Schreibe einen *Tier-Steckbrief*. Beachte die Hinweise im Kasten.

# Eine Einladung schreiben

Das muss in einer Einladung stehen:

- **Wozu** wird eingeladen?
- **Wer** wird eingeladen?
- **Wann** findet die Feier statt?
- **Wo** findet die Feier statt?
- **Woran** sollen deine Gäste noch denken?
- Unterschreibe deine Einladung.
- Schreibe ordentlich und gestalte deine Einladung schön.

Lieber Felix,
am Samstagmittag mache ich ein Strandfest. Den Gartenschlauch dürfen wir auch anstellen. Komm doch vorbei.
Nils

Liebe Nina,
zu meiner Geburtstags-Party am Samstag, den 16. August möchte ich dich ganz herzlich einladen.
Wir feiern bei uns im Garten in der Sonnenstraße 4.
Das Fest dauert bis 19 Uhr.
Bring bitte deine Badesachen mit.
Ich freue mich, wenn du kommst.
Deine Marie

PS: Sag bitte Bescheid, ob du Zeit hast! (Tel.: 97965)

**1** — Welche Hinweise im Kasten wurden nicht beachtet?

# Texte überarbeiten

1. Lies deinen Text laut vor. Die anderen Kinder überlegen, was ihnen gefällt und was noch verbessert werden kann.
2. Beachtet beim Überarbeiten die Text-Tipp-Karte von Seite 87.
3. Diese Zeichen helfen euch beim Verbessern:

ein riesiger ~~großer~~ Drachen — *Das ist zu viel.*

der X Ball gehört mir, nicht der blaue — *Da fehlt etwas.*

das habe ich dich gegeben — *Das muss verändert werden.*

*Du hast die Überschrift vergessen.*

X

Tina und ihr Pony Felix waren gute Freunde.
Eines Tages sind sie ausgeritten, und
Tina ist im See baden gegangen.
Auf einmal war Felix weg.
Tina hat ihn überall geguckt. (gesucht)
~~Sie hat ihre rote Reitgerte endlich wiedergefunden.~~
Auf der Wiese war er nicht. Auf dem Hügel
war er auch nicht. Als sie in den Stall zurückkam,
stand Felix in der Sattelkammer und aß in aller Ruhe
den Eimer mit Äpfeln leer.
~~Da muss unbedingt mal gekehrt werden.~~
Tina X sehr froh und hat auch gar nicht geschimpft.

*Da würde ich „gesucht" schreiben. Unterschlängle das Wort.*

*Das ist zu viel. Streiche es durch.*

*Da fehlt etwas. So versteht man das nicht. Mache da ein Kreuzchen.*

1 — Verbessere die Geschichte und schreibe sie auf.

# Sätze umstellen

Manchmal klingen Sätze besser, wenn man sie umstellt.

Lilli | tanzt | fröhlich | zur Musik .

Zur Musik | tanzt | Lilli | fröhlich .

Fröhlich | tanzt | Lilli | zur Musik .

1 — Was wurde hier gemacht?

Jakob | streichelt | mutig | den großen Hund .

2 — Wie kannst du den Satz umstellen?
Schreibe alle Möglichkeiten auf.

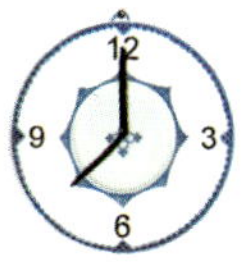


Morgens geht Papa zuerst aus dem Haus.
Um 7.00 Uhr muss ich zum Schulbus.
Danach bringt meine kleine Schwester
meine Mutter in den Kindergarten.

3 — Ein Satz klingt seltsam. Stelle ihn um.

# Sätze erweitern

Sätze kann man erweitern. Dann versteht man sie oft besser.

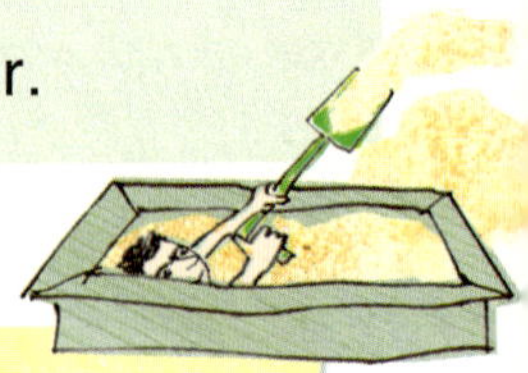

| | |
|---|---|
| Max gräbt im Sandkasten. | Max gräbt im Sandkasten ein tiefes Loch. |
| Nina liest ein Buch vor. | Nina liest ihrer Freundin ein Buch vor. |
| Paul bastelt im Garten. | Paul bastelt einen Drachen im Garten. |

1 — Welche Sätze sind genauer? Warum?

Lina singt ein Lied.

in der Dusche

mit Erdbeersoße

am Sternenhimmel

Julius spielt auf seiner Flöte.

ein Geburtstagslied

helles Holz

im Musikunterricht

Sara füttert ihre Hasen.

im Schwimmbad

mit frischem Salat

immer abends

2 — Erweitere die Sätze. Wähle die passenden Karten aus.

3 — Schreibe die erweiterten Sätze auf.



Sätze erweitern → AH S. 26
Satzglieder erweitern → AH S. 27

# Texte veröffentlichen

1. Achte darauf, dass andere deinen Text gut lesen können.
2. Lass genügend Abstand zwischen den Zeilen.
3. Schreibe nicht über den Rand.
4. Du kannst deinen Text auch auf dem Computer schreiben.

1 — Schau dir die unterschiedlichen Möglichkeiten an, Texte zu veröffentlichen. Wie macht ihr das in eurer Klasse?

2 — Was gefällt dir am besten? Warum? Worauf musst du dabei achten?

3 — Probiere eine neue Möglichkeit aus.

## Großschreibung am Satzanfang

gestern war auf unserem Schulhof eine neue Schülerin. ich hatte sie noch nie gesehen. in unsere Klasse ging sie auch nicht. ich musste unbedingt ihren Namen wissen. mir wurde warm und kalt. im Bauch hatte ich ein kribbliges Gefühl. es stimmte etwas nicht mit mir. dann erzählte ich meinem großen Bruder davon. jan lachte nur. er verstand mich sofort. er war auch schon einmal verliebt.

**1** — Lies den Text laut. Mache immer eine Pause, wo ein Satz zu Ende ist.

**2** — Schreibe den Text richtig auf. Schreibe immer das erste Wort im Satz groß.

Maxi malt in der Schule ein Bild von der Klasse hängt an der Wand

Papa liest den ganzen Abend in seinem Buch steht alles über Eidechsen

Mama kommt von der Arbeit ist sie ganz schön müde

Maria hilft ihrem Vater gern im Garten spielen die Kinder auf der Wiese

Sven freut sich auf die Torte legt Mama ein Fruchtbärchen

**3** — Auf jedem Zettel stehen zwei Sätze. An welchen Stellen musst du die Punkte setzen?

# Satzschluss erkennen

der Schulbus

auf dem Pausenhof

Jungen und Mädchen

unsere Hausmeisterin

beim Klingelzeichen

gibt es einen Platz für Ballspiele

müssen wir wieder in die Klasse

fährt viele Kinder zur Schule

spielen bei uns zusammen

bringt uns in der Pause die Milch

**1** — Was passt zusammen? Probiere es aus.

**2** — Schreibe die Sätze auf. Denke an die Punkte und an die Großschreibung am Satzanfang.

in unserer Klasse sind Kinder aus verschiedenen Ländern wir können alle etwas anderes besonders gut wir sind alle miteinander befreundet unser Lehrer heißt Herr Brinkmann Lea und Olek machen immer Späße Herr Brinkmann findet das nicht immer gut Pinar kann viele wunderschöne Gedichte auswendig das findet Herr Brinkmann immer gut ich gehe gern zur Schule

**3** — Lies den Text still.

**4** — Lies den Text einem Kind vor. Mache nach jedem Satz eine Pause.

**5** — Schreibe den Text richtig auf. Schreibe immer das erste Wort im Satz groß. Setze immer am Ende des Satzes einen Punkt. Es sind neun Sätze.

## Das Fragezeichen

Eine **Frage** ist ein Satz, der eine Antwort erwartet.
Am Ende einer Frage steht ein **Fragezeichen** (?).

1 — Suche zu jeder Frage die passende Antwort. Lies laut.

2 — Schreibe die Fragen und die Antworten auf. Denke an das Fragezeichen und den Punkt.

## Das Ausrufezeichen

Nach **Ausrufen**, **Befehlssätzen** und **Aufforderungssätzen** steht oft ein **Ausrufezeichen** (!).

3 — Sprich die Sätze laut. Stell dir vor, dass du der Vater bist.

4 — Bei welchen Sätzen kann ein Ausrufezeichen stehen? Schreibe sie auf.

# Nomen

Wörter, die den **Menschen, Tieren, Pflanzen** und **Dingen** einen Namen geben, heißen **Nomen**. **Nomen** schreibt man **groß**.

Die   * scheint heiß. Schon lange ist kein  gefallen. Jeder  und jede  braucht  *. Der  * trägt viele  mit  * zu den . Damit begießt er die , die  und auch den . Selbst die  und der  werden nass.

**1** — Lies den Text. Welche Wörter musst du einsetzen?

**2** — Schreibe den Text mit den Nomen richtig auf.
Schlage die Wörter mit dem Stern* in der Wörterliste nach.
Denke daran, dass man Nomen großschreibt.

**3** — Markiere die Anfangsbuchstaben der Nomen farbig.

Mädchen laufen Taube Schlauch Rose Spaten nass Salat
Gärtnerin kalt Junge Eimer gießen grün Tanne Spatz Hund
leise graben Tomate rot Kaninchen Harke ernten Schwester

**4** — Suche die Nomen heraus und trage sie in die Tabelle ein.
Markiere immer die Anfangsbuchstaben farbig:

| Menschen | Tiere | Pflanzen | Dinge |
|---|---|---|---|
| Mädchen | Taube | | |

# Artikel begleiten Nomen

**Nomen** können ***der, die, das*** als **Artikel** (Begleiter) haben.

der | die | das

Mann | Kind | Tulpe | Kamel | Stein | traurig | Frau | Vogel | Schule | lustig | Haus | Katze

**1** — Welcher Artikel passt zu welchem Wort? Sprich es dir vor.
Achtung: Zu zwei Wörtern passt kein Artikel!

**2** — Schreibe die Nomen mit den Artikeln auf.
Überprüfe die Artikel mit der Wörterliste.

## Das Artikelspiel

- Nehmt abwechselnd eine Karte.
- Richtig? → Behalte die Karte.
- Falsch? → Lege die Karte unter den Stapel.

**3** — Sucht 20 Nomen aus der Wörterliste. Schreibt jedes Nomen auf eine Karte und auf die Rückseite das Nomen mit Artikel.

**4** — Erklärt die Spielregeln und spielt das Artikelspiel.

# Einzahl und Mehrzahl

**Nomen** erkennst du auch daran, dass du die **Einzahl** und die **Mehrzahl** bilden kannst.

**1** — Was braucht ihr für den Unterricht?
Schreibt es untereinander auf: viele Bücher
viele Hefte

**2** — Schreibe zu den Nomen die Einzahl: viele Bücher – ein Buch

STUHL TAUCHEN TANTE AUTO KLEIN BIRKE
HUND KLUG TAFEL BREIT POLIZIST BAUEN

**3** — Welche Wörter sind Nomen? Schreibe sie in der Mehrzahl und Einzahl auf: viele Stühle – ein Stuhl, ...

## Zusammengesetzte Nomen

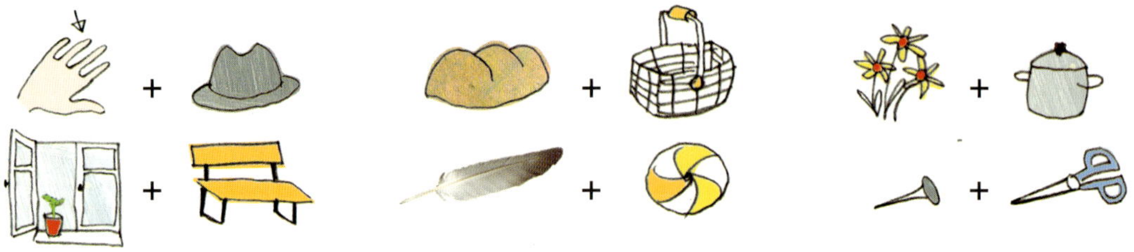

**1** — Was ist gemeint? Schreibe die zusammengesetzten Nomen auf:
der Finger + der Hut → der Fingerhut, ...

**2** — Finde in der Wörterschlange die zusammengesetzten Nomen.
Zerlege sie und schreibe sie mit den Artikeln ins Heft:
das Vogelhaus → der Vogel + das Haus,
die Haustür ...

**3** — Erfindet selbst solche Wörterschlangen.

## Zusammengesetzte Nomen nachschlagen

Zerlege die zusammengesetzten Nomen, damit du sie nachschlagen kannst: *der Fußball → der Fuß + der Ball*

**4** — Schreibe die zusammengesetzten Nomen zerlegt auf.
Schreibe zu jedem Nomen die Seitenzahl aus der Wörterliste dazu:
die Autobahn → das Auto (S. 206) + die Bahn (S. 206), ...

# Großschreibung

Ich bleibe bis 16.00 uhr in der schule. Von unserer lehrerin bekommen wir die hausaufgabe. Dann gehen wir in unseren raum. Dort haben wir viele blumen, einen kleinen baum und einen topf mit tomaten. Unsere maus und den hamster durften wir nicht behalten, weil manche kinder davon husten mussten. Zum mittagessen holen wir teller, gläser, gabeln und löffel. Heute gibt es nudeln mit tomatensoße. Die hausaufgaben machen wir auch.

**1** — Welche Wörter sind Nomen? Woran erkennst du sie?

**2** — Schreibe die Nomen heraus. Schreibe sie groß.

gestern haben wir eine burg besucht. eine frau hat uns alle zimmer gezeigt, auch die küche, den rittersaal und das gefängnis, nur die waffenkammer nicht. also schlich ich mich durch dunkle gänge, öffnete heimlich die türen und schaute hinter jeden vorhang. überall standen alte blumen und ausgestopfte tiere. plötzlich berührte mich eine hand an der schulter. mir rutschte das herz in die hose. bestimmt ein gespenst! aber es war nur mein freund. „komm, wir müssen zum bus“, sagte er.

**3** — Welche Wörter im Text musst du großschreiben? Warum?

**4** — Schreibe den Text richtig auf. Markiere die Großbuchstaben am Satzanfang rot und bei den Nomen grün:

Gestern haben wir eine Burg besucht ...

# Verben

**Verben** sagen, was jemand tut.

Wir spielen auf der grünen Wiese.
Wir lachen mit der Zimperliese.

Wir springen über einen Bach.
Wir singen Lieder auf dem Dach.

Wir lesen alles kreuz und quer.
Wir trinken jede Limo leer.

Wir tanzen hier im großen Kreis.
Wir lutschen unser Himbeereis.

Wir basteln uns die Finger wund.
Wir malen alle Bilder bunt.

Wir schreiben der Oma einen Brief.
Wir lüften die Klasse bei großem Mief.

Wir machen schon bald eine Klassenfahrt
und ziehen den Riesen am zottigen Bart.

**1** — Welche Wörter sagen dir, was die Kinder tun?
Schreibe sie auf: spielen, lachen, ...

**2** — Schreibe weiter, was die Kinder tun. Die Bilder können dir helfen.

# Noch mehr Übungen: Verben

Am Morgen zerrt jemand an unserem Zelt. Ich schlüpfe aus dem Schlafsack und sehe Hugo. Er schaut ganz lieb. Ich gebe ihm eine Wurst. Hugo tappt ins Zelt und kriecht in meinen Schlafsack. Nun bleibt Hugo bei mir. Mama lacht. Papa staunt. Hugo kommt mit nach Hause. Er trinkt gern Tee. Im Garten gräbt er tiefe Löcher. Er leckt an meinen Füßen und manchmal bellt er. Meistens liegt er in seinem Korb. Von wem erzähle ich wohl? Hugo heißt mein Hund.

**1** — Suche im Text die Verben und schreibe sie untereinander auf. Schreibe neben jedes Verb die Wir-Form: zerrt – wir zerren
schlüpfe – wir schlüpfen …

**2** — Markiere immer die Endung in der Wir-Form:
zerren, schlüpfen, …

Es regnet. Es schneit. Es hagelt. Es stürmt und donnert. Hugo geht nicht vor die Tür. Doch dann scheint die Sonne. Da trocknet der Wald, und es riecht nach Laub. Hugo sucht die Leine.

**3** — Schreibe den Text ab. Unterstreiche die Verben.

**Verben** sagen auch, was geschieht.

# Verben: Wortbausteine

**1** — Welche Verben kannst du bilden? Schreibe sie auf:
laufen: vorbeilaufen, anlaufen, …

**Fredi, der kleine Fuchs**

Bei dem schönen Wetter will Fredi ▲ gehen.
„Du musst mir aber ● sprechen, dich nicht zu ● laufen“, sagt seine Mutter. „Und du musst gut ■ passen, dass dich der Jäger nicht ⬢ laufen sieht.“
Schnell ● gehen die Stunden. Langsam wird es dunkel. Da merkt Fredi, dass er sich ● laufen hat.
Zum Glück kann ihm eine alte Eule den Heimweg ★ schreiben. Fredi ist froh, als er wieder zu Hause ist.

**2** — Welche Wortbausteine passen? Probiere es aus und schreibe den Text richtig auf.

Mit vorangestellten Wortbausteinen Verben bilden und passend einsetzen

# Adjektive

**Adjektive** sagen, wie etwas ist.

kaputt schwarz klein schwer voll bunt groß schnell grün

1 — Wie sind die Dinge? Ordne die Adjektive zu.

2 — Schreibe die Nomen mit den Adjektiven auf:
der bunte Hund, ...

**Oskars Obst- und Gemüseladen**

Oskar verkauft nur leckere Früchte. Süße Bananen, saftige Apfelsinen, kernlose Weintrauben und köstliche Erdbeeren hat er im Angebot. In seinem winzigen Laden stehen eine alte Kasse und eine klapprige Waage. Damit wiegt Oskar die scharfen Zwiebeln und die dicken Kartoffeln ab. Viele Kunden lachen über Oskars witzige Sprüche. Heute hat er sogar frische Ananas aus Alaska, schwindelt er einem kleinen Jungen vor.

3 — Suche alle Adjektive aus dem Text. Schreibe so:
leckere – lecker, süße – süß, ...

# Adjektive: Steigerungen

**Adjektive** kannst du **steigern**: *groß, größer, am größten*.

**1** — Die Kinder vergleichen. Schreibe die Adjektive so auf:
groß – größer – am größten, ...

**2** — Suche in der Wörterliste fünf weitere Adjektive und schreibe sie so auf.

Was ist hell? Was ist heller? Was ist am hellsten?

Was ist schnell? Was ist schneller? Was ist am schnellsten?

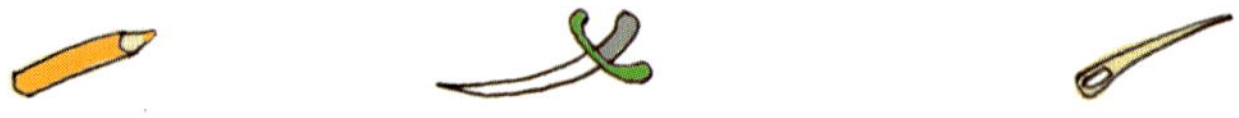

Was ist spitz? Was ist spitzer? Was ist am spitzesten?

Was ist laut? Was ist lauter? Was ist am lautesten?

**3** — Schreibe die Antworten auf: Die Kerze ist hell.
Die Glühbirne ist heller. Die Sonne ist am hellsten. ...
Schlage die Wörter, bei denen du unsicher bist, in der Wörterliste nach.

# Adjektive: Gegensatzpaare

| | | |
|---|---|---|
| richtige Lösung | kurzes  | langsames Auto |
| dünner  | volle Flasche | falsche 2+2=5 |
| schnelles  | langes Seil | gesundes Kind |
| kleiner Hund | leere 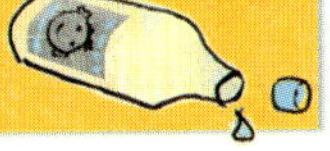 | |
| krankes  | dicker Bär | großer  |

1 — Welche Karten gehören zusammen? Schreibe die Gegensatzpaare auf:
die richtige Lösung – die falsche Lösung, …

2 — Markiere immer die Adjektive.

Mein böser Erik,
hoffentlich geht es dir bald wieder schlecht.
Wie hässlich wird es, wenn du wieder krank bist.
Hoffentlich ist die Operation schlecht verlaufen, und
die Narbe wird nicht so klein. Hast du auch tiefes Fieber?
Dann ist heißes Eis für dich genau falsch.
Wenn wir uns wiedersehen, habe ich für dich
eine böse Überraschung.
Dein Patrik

3 — Was stimmt hier nicht? Schreibe den Brief richtig auf.

# Wortfelder

Birke Eiche  Nelke Apfelbaum

Reh Spatz  Klee

Wildschwein Maulwurf

Tanne Gras

Ziege   Kuh

Amsel

**1** — Welche Nomen gehören zum Wortfeld *Tiere,*
welche Nomen gehören zum Wortfeld *Pflanzen*?

**2** — Schreibe die beiden Wortfelder getrennt auf: Tiere: Maus, ...
Pflanzen: Birke, ...

 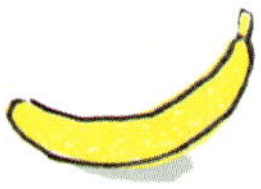

rot  Banane grün Limonade braun

Saft Hose Himbeere Jacke Tee

gelb Kiwi Zitrone Hemd  Milch Rock

**3** — Diese Wörter gehören zu vier verschiedenen Wortfeldern.
Schreibe die Wörter auf Kärtchen und ordne sie.

**4** — Klebe die zusammengehörenden Wortkarten untereinander auf.
Finde eine Überschrift für jedes Wortfeld.

**5** — Finde weitere Wörter zu den Wortfeldern.

## Wortfamilien

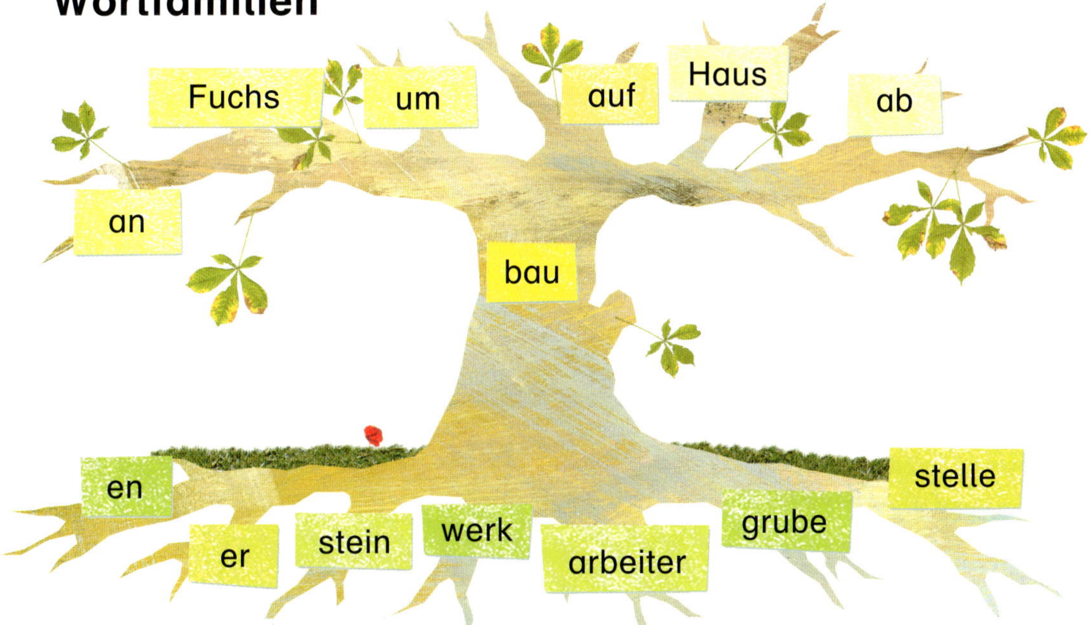


**1** — Wie heißt der Wortstamm? Welche Wörter kannst du bilden?

**2** — Schreibe alle Wörter der Wortfamilie *bau* auf. Schreibe die Nomen groß:
anbauen, Fuchsbau, …

gehen Einkauf kaufen erröten Wettrennen rot
hingehen Rennpferd weggehen Verkäufer rennen
Rotkäppchen wegrennen Morgenrot Kaufhaus Gehweg

**3** — Suche immer die vier Wörter aus der gleichen Wortfamilie.
Schreibe sie auf und unterstreiche den Wortstamm.

**4** — Zeichne von einem Wortstamm ein Bild der Wortfamilie wie oben.

**5** — Schreibe die Wörter der Wortfamilie auf.

## Die Abdeckkarte

1. Lies das Wort. Flüstere jeden Laut deutlich mit.
2. Merke dir die schwierigen Stellen.
3. Decke das Wort ab.
4. Schreibe das Wort auf. Flüstere jeden Laut mit.
5. Vergleiche jeden Buchstaben mit der Vorlage.
6. Streiche die Fehlerwörter durch und schreibe sie richtig auf.

**1** — Stelle dir aus Pappe eine eigene Abdeckkarte her.

Paula mag den Herbst.
Sie sammelt gern bunte Blätter.
Heute will sie mit Mama
einen Drachen basteln.

**2** — Lege deine Abdeckkarte so auf den Text, dass du das erste Wort lesen kannst.

**3** — Schreibe den Text Wort für Wort nach den Abschreibregeln ab.

## Die Korrekturkarte

Die Rückseite deiner Abdeckkarte kannst du als Korrekturkarte für deine eigenen Texte benutzen.

1. Lies den Text von vorne nach hinten.
   Hast du kein Wort vergessen?

3. Darauf muss ich besonders achten:

2. Lies den Text Wort für Wort von hinten nach vorne.
   Achte auf jeden Buchstaben.

**Sonjas Schulweg**
Jeden tag geht Sonja
den gleichn Weg zur Schule.
Am Rathaus trifft sie
ihre Froindin Juliane.
Die beiden waren schon
zusammen Kindergaten.
Jetzt gehen sie in dieselb Klasse.

**1** — Hier sind fünf Wörter falsch geschrieben und ein Wort fehlt. Lies den Text mit der Korrekturkarte erst von vorne nach hinten und dann von hinten nach vorne.

**2** — Schreibe die fünf falsch geschriebenen Wörter richtig auf. Schreibe auch den Satz mit dem fehlenden Wort vollständig auf.

# Abschreiben üben

Mit dem Wendediktat und dem Schleichdiktat kannst du das Abschreiben von Texten üben.

## Wendediktat

1. Benutze ein Heft mit einem durchsichtigen Umschlag. Stecke deinen Abschreibtext zwischen Heftrücken und Umschlag.

2. Schreibe den Text nach den Abschreibregeln ins Heft. Anstatt das Wort abzudecken, klappst du das Heft auf.

**1** — Suche dir einen Text, den du so üben kannst.

## Schleichdiktat

1. Lies deinen Abschreibtext.
2. Lege ihn weit weg von dir.
3. Schreibe den Text nach den Abschreibregeln ab. Anstatt den Text abzudecken, schleichst du hin und her.

**2** — Übe einen Abschreibtext als Schleichdiktat.

# Partnerdiktat

Mit dem Partnerdiktat kannst du zusammen mit einem Partner oder einer Partnerin üben, richtig zu schreiben.

- Ich bin gern in der Schule.
Besonders schön sind die Pausen.
Da tobe ich mit meinen Freunden.

- Morgen machen wir einen Ausflug.
Wir laufen zum Park. Am meisten
freue ich mich auf die Rutsche.

- Meine Hausaufgaben mache ich gern.
Manchmal hilft mir meine Freundin
Lea dabei. Danach spielen wir
in unserem Baumhaus im Garten.

**1** — Lest die Diktattexte. Jedes Kind wählt einen Diktattext aus.

**2** — Übt zu zweit. Ein Kind diktiert, das andere schreibt.
Wenn du diktierst,
- lies erst den ganzen Satz vor. Diktiere dann so, dass das andere Kind gut mitschreiben kann.
- lies mit, was das andere Kind schreibt.
Sage „Stopp!“, wenn es einen Fehler macht.
Hilf ihm, das Wort richtig zu schreiben.

# Die Trainingskarte

Mit der Trainingskarte kannst du trainieren,
deine Fehlerwörter richtig zu schreiben.

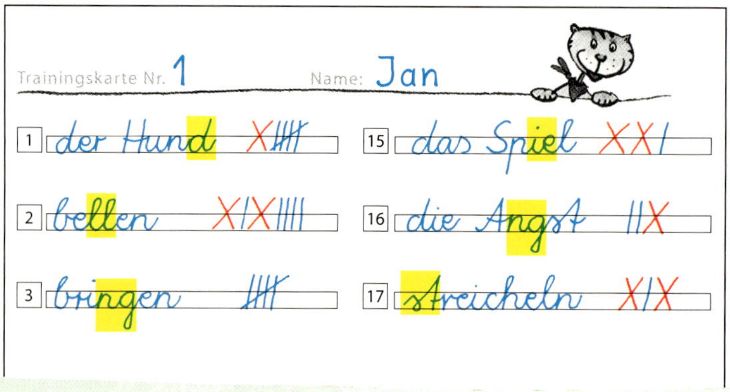

So übst du mit der Trainingskarte:

- **Schreibe** deine Fehlerwörter auf die Trainingskarte.

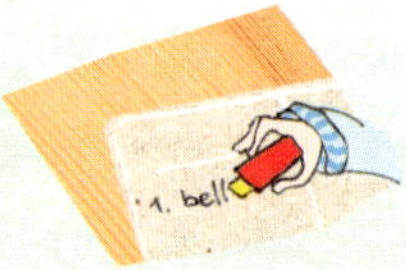


- **Markiere** die schwierigen Stellen.

- Lass **überprüfen**, ob die Wörter richtig geschrieben sind.
- Lass dir die Wörter von einem anderen Kind **diktieren**. Du kannst dir beim Schreiben helfen lassen.

- **Vergleicht** das Wort mit der Vorlage:
  - **richtig:** Hinter das Wort auf der Trainingskarte kommt ein Strich |.
  - **falsch:** Hinter das Wort auf der Trainingskarte kommt ein Kreuz X.
  - fünf Striche hintereinander 卌 zeigen: Du kannst das Wort jetzt schreiben. Du musst es nicht mehr üben.

**1** — Welche Wörter muss Jan nicht mehr üben?

**2** — Mache dir eine Trainingskarte.

# Wörter nachschlagen

1. Überlege, welcher Buchstabe am Anfang steht.
2. Suche diesen Buchstaben in der Wörterliste oder im Wörterbuch. Das ABC hilft dir.
3. Überlege, welcher Buchstabe an zweiter Stelle steht.

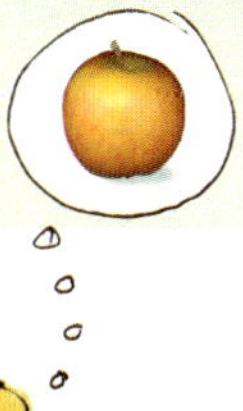

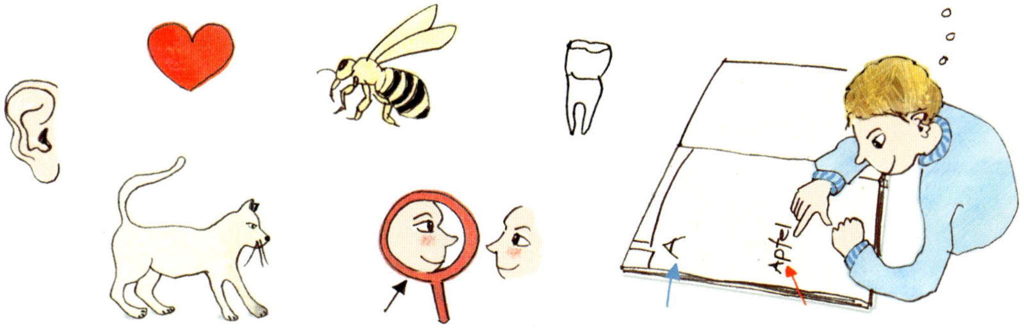


**1** — Suche diese Wörter in der Wörterliste oder im Wörterbuch. Schreibe sie mit den Artikeln auf.

**2** — Was haben die Wörter auf jeder Seite gemeinsam?

**3** — Suche die Wörter in der Wörterliste oder im Wörterbuch. Schreibe sie mit den Artikeln auf.

# Noch mehr Übungen: Wörter nachschlagen

Wenn du Verben nachschlagen willst,
musst du die **Wir-Form** bilden.

**1** — Was tun die Menschen und Tiere gerade?

**2** — Schlage die Verben zu den Bildern in der Wörterliste nach.
Schreibe auch auf, was hinter der Wir-Form steht:
klettern, du kletterst, er klettert,
fliegen, …

Valentina sch  eine Geschichte. Furkan sp  türkisch.

Luisa l  ein Buch. Jakob f  Fahrrad.

**3** — Was tun die Kinder? Schreibe die Sätze richtig auf.
Schlage die Verben in der Wörterliste nach.
Du findest sie, wenn du die Wir-Form bildest.

# Wörter trennen

1. Wenn du Wörter trennen willst, musst du sie in Silben zerlegen.
2. Das Gehen, Klatschen oder Schwingen kann dir beim Trennen helfen.
3. Überprüfe, ob jede Silbe einen Selbstlaut hat. Sonst darfst du nicht trennen.

Prinz | König | verwandeln | retten | Prinzes sin
böse | wünschen | winzig | Frosch | schläft
fragen | wunderschön | erwachen | Königin | küsst

**1** — Sprich die Wörter in Silben. Gehe, klatsche oder schwinge dazu.

**2** — Trage die Wörter in eine Tabelle ein:

| eine Silbe | zwei Silben | drei Silben |
|---|---|---|
| Prinz | Kö-nig | ver-wan-deln |
| | ret-ten | Prin-zes-sin |

**3** — Jede Silbe muss einen Selbstlaut haben. Markiere ihn.

# Wörter richtig schreiben

Es gibt **Mitsprechwörter**, **Nachdenkwörter** und **Merkwörter**.

*Du schreibst, wie du sprichst.*

**Mitsprechwörter**
Auto, Elefant, Schule, Telefon, Tisch, schreiben, malen, gut, leise ...

*Du denkst nach und weißt eine Regel.*

**Nachdenkwörter**
Stein, springen *Seite 125*
Mäuse, läuten *Seite 132*
Burg, bringt *Seite 133/134*

*Du musst dir merken, wie du schreibst.*

**Merkwörter**
Lehrer, Jeans, See, Vase Keks, Maschine, backen, nehmen, heißen ...

## St und Sp

Bei **Sp/sp** und **St/st** schreibst du immer nur ein *s*,
auch wenn du den Laut *sch* hörst.

**1** — Schreibe die Wörter für die Bilder in die Tabelle.

| Sp | St |
|---|---|
| der Spaten | |

| | | |
|---|---|---|
| Reisen | Hufe | Sitze |
| bellen | hören | gucken |
| dampfen | dumm | zielen |

**2** — Finde zu diesen Wörtern Reimwörter, die mit *St/st* oder *Sp/sp* beginnen: Reisen – Speisen, ...

# Selbstlaute und Mitlaute

Bei **Selbstlauten** hörst du nur den Laut selbst.
Er klingt allein für sich: **a**, **e**, **i**, **o**, **u**.
Auch die **Doppellaute au**, **ei** und **eu**
und die **Umlaute ä**, **ö**, **ü** und **äu**
gehören zu den Selbstlauten.

Alle anderen Buchstaben sind **Mitlaute**.
Bei Mitlauten hörst du immer mindestens
einen Laut mit, wenn du das ABC aufsagst:
Du sagst *el* und schreibst l.
Du sagst *zett* und schreibst z.

1 — Wie viele Buchstaben hat das ABC? Wie viele Mitlaute gibt es?

**ottos mops**

ottos mops trotzt
otto: fort mops fort
ottos mops hopst fort
otto: so so

otto holt koks
otto holt obst
otto horcht
otto: mops mops
otto hofft

ottos mops klopft
otto: komm mops komm
ottos mops kommt
ottos mops kotzt
otto: ogottogott

*Ernst Jandl*

2 — Lies das Gedicht laut.

3 — Sprich einem anderen Kind das Gedicht mit einem anderen Selbstlaut vor.

# Langer oder kurzer Selbstlaut?

Du willst hören, ob ein Selbstlaut lang oder kurz ist?
Dann sprich das gleiche Wort einmal mit langem und einmal mit kurzem Selbstlaut. Wie klingt es richtig?

Tasche, Ente, Dose, Tante, Kind, Mut, Hase, Tinte, Mund, Regen, Topf

**1** — Probiere aus, ob der erste Selbstlaut im Wort lang oder kurz ist. Sprich immer beide Möglichkeiten. Mache die Bewegungen dazu. Das ist die Lang-Kurz-Probe.

**2** — Ordne die Wörter in eine Tabelle ein:

| langer Selbstlaut | kurzer Selbstlaut |
|---|---|
| Mut | Tasche |

**3** — Suche Wörter mit langem Selbstlaut und Wörter mit kurzem Selbstlaut in der Wörterliste. Trage sie auch in die Tabelle ein.

# Noch mehr Übungen: Langer oder kurzer Selbstlaut?

geben   raten   kalt   gut   finden

singen   malen   alt   schlafen   rot

landen   wild   kosten   toben   mutig

**1** — Probiere aus, ob der erste Selbstlaut im Wort lang oder kurz ist. Sprich immer die beiden Möglichkeiten und mache die Lang-Kurz-Probe.

**2** — Ordne die Wörter in eine Tabelle ein:

| langer Selbstlaut | kurzer Selbstlaut |
|---|---|
| geben | kalt |

W  gen

Schr  nk

H  nd

K  nd

H  se

F  den

V  se

B  ld

Str  nd

H  t

D  ch

Schl  nge

**3** — Welche Wörter sind gemeint? Schreibe sie untereinander auf.

**4** — Finde Reimwörter und schreibe sie dahinter:
Wagen – sagen – Magen ...

**5** — Markiere, ob der erste Selbstlaut lang oder kurz ist.



Lange und kurze Vokale unterscheiden
(kontrastives Sprechen, Lang-Kurz-Probe)
Reimwörter finden

Vokallänge abhören → AH S. 38

# Verdoppelter Mitlaut

Nach einem kurzen Selbstlaut folgen in der Regel zwei Mitlaute. Wenn du nach einem kurzen Selbstlaut nur einen Mitlaut hörst, musst du ihn verdoppeln.

Mutter  Flasche  Nest  links  dunkel
rund  rennen  Tipp  wissen  Lamm
kennen  hell  wollen  Herbst

**1** — Bei allen Wörtern ist der Selbstlaut kurz. Wo stehen dahinter verschiedene Mitlaute? Wo ist der Mitlaut dahinter verdoppelt? Trage die Wörter in eine Tabelle ein:

| kurzer Selbstlaut + verschiedene Mitlaute | kurzer Selbstlaut + verdoppelter Mitlaut |
| --- | --- |
| Nest | Mutter |

**2** — Markiere nach dem kurzen Selbstlaut die verschiedenen Mitlaute grün und die verdoppelten Mitlaute rot.

# Noch mehr Übungen: Verdoppelter Mitlaut

**1** — Probiere aus, ob der erste Selbstlaut im Wort lang oder kurz ist.

**2** — Schreibe die Wörter mit kurzem Selbstlaut untereinander in dein Heft: Puppe
Tanne

Suppe
Tonne
Klette
Knall
Schwamm
Brett
Stille
Wanne
Kasse

**3** — Hier findest du Reimwörter zu den Wörtern aus Aufgabe 2.
Schreibe sie neben das passende Reimwort: Puppe – Suppe

Julias  isst gern .

Antons  platzt mit einem .

Trag die  in die .

**4** — Setze für die Bilder die richtigen Wörter ein und schreibe die Reime auf.

**5** — Finde selbst solche Reime. Die Reimwörter müssen einen verdoppelten Mitlaut haben.



Vokallänge abhören
Konsonantenverdopplung
→ AH S. 40

## Wörter mit *ie*

Wenn du in einem Wort ein langes ***i*** hörst, musst du meistens ***ie*** schreiben.

**1** — Wie heißen die Wörter? Wo hörst du ein langes *i* und wo ein kurzes *i*? Mache die Lang-Kurz-Probe.

**2** — Schreibe die Wörter in dein Heft. Kontrolliere mit der Wörterliste, ob du sie richtig geschrieben hast: Ziege, Kiste, ...

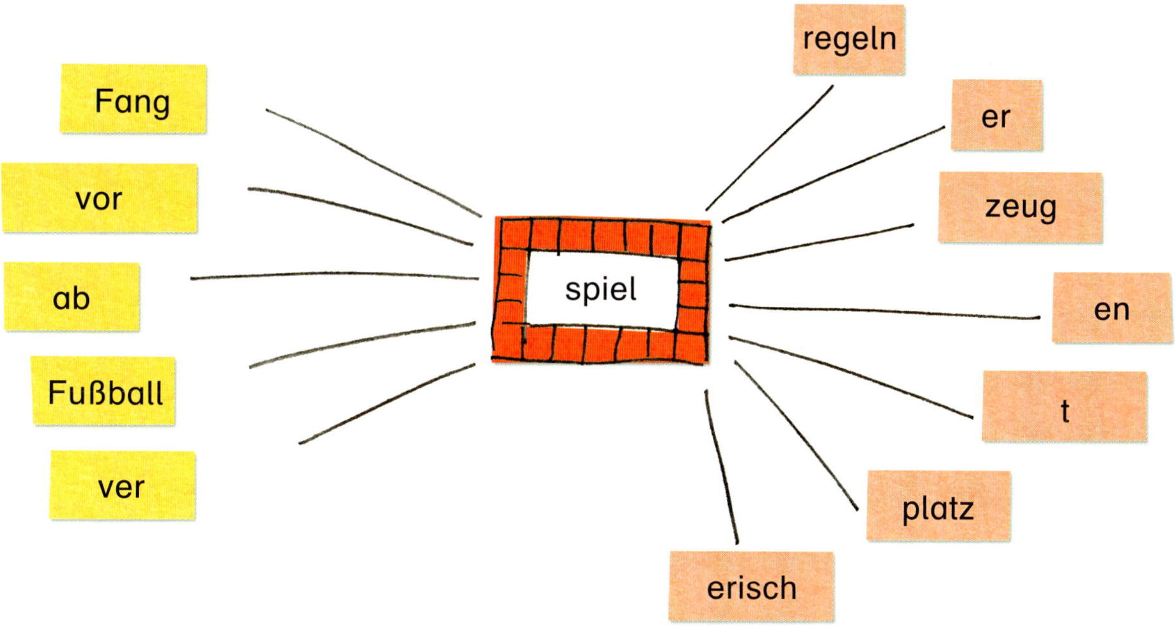


**3** — Schreibe alle Wörter, die du zusammensetzen kannst, so auf: Fangspiel, vorspielen, ...

# Wörter mit Umlauten

Der großte Rauber im Rauberwald furchtet sich vor Mausen. Seine Bruder sollen aber nicht merken, wie angstlich er ist. Ein gefahrlicher Rauber darf doch keine Angst vor kleinen Mausen haben, oder?

**1** — Lies den Text vor. Was fällt dir auf?

**2** — Schreibe den Text richtig auf. Markiere die Umlaute.

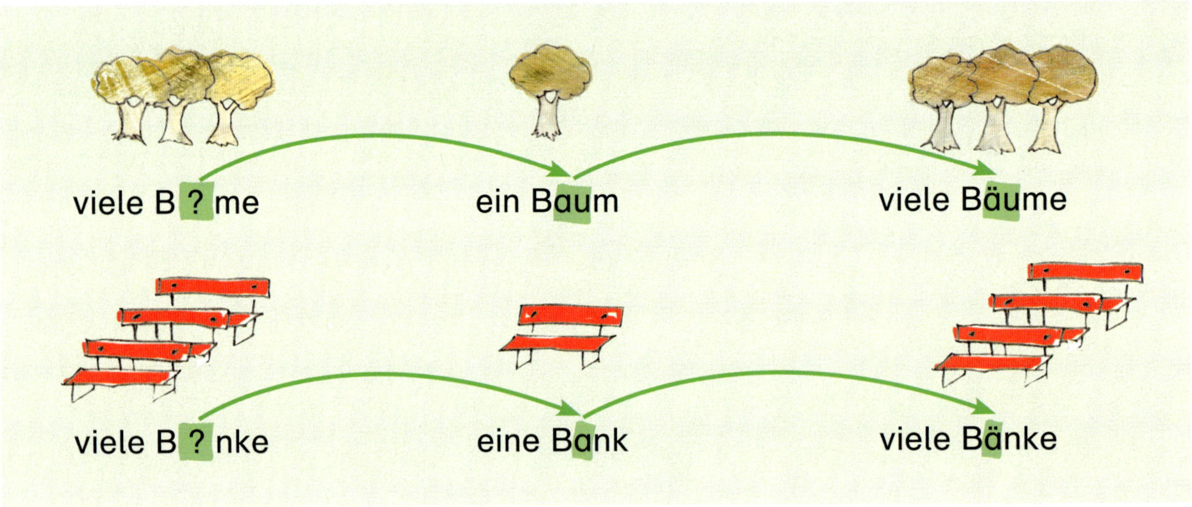

**3** — Schreibe die Wörter wie im Beispiel oben auf. Zeichne auch die Pfeile ein.



Umlaute → AH S. 43
Wörter mit *ä* → AH S. 43
Wörter mit *äu* → AH S. 44

# Nomen mit b, d, g am Wortende

Wenn du am Ende von Nomen **p**, **t** oder **k** hörst, **verlängere** das Wort. Manchmal musst du diese Wörter nämlich mit **b**, **d** oder **g** am Ende schreiben.

 ein Kal? — viele Kälber — ein Kalb 

 ein Kor? — ? — ein Kor 

 eine Han? — viele Hände — eine Hand 

 ein Hun? — ? — ein Hun 

 ein Zwer? — viele Zwerge — ein Zwerg 

 ein Zu? — ? — ein Zu 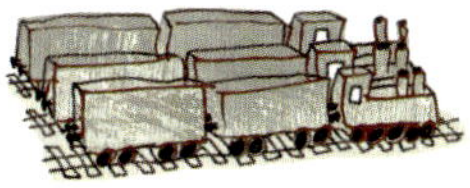

**1** — Finde die Verlängerungen und schreibe die Nomen wie im Beispiel auf.

| Die<br>Sie<br>Gra | **b** | Freun<br>Schil<br>Bil | **d** | Kru<br>Ber<br>Zu | **g** |
|---|---|---|---|---|---|

**2** — Schreibe aus jedem Kasten die beiden Nomen auf, die sich reimen:

viele Diebe – ein Dieb, viele Siebe – ein Sieb …

# b, d, g in Verben und Adjektiven

1. Wenn du nicht weißt, wie ein Adjektiv geschrieben wird, dann verlängere es: *wil? – wilder – wild*
2. Wenn du nicht weißt, wie ein Verb geschrieben wird, dann suche die Wir-Form: *er sa?t – wir sagen – er sagt*

lie? → lieber → lieb

run? → runder → rund

klu?   trauri?   gesun?   billi?   tau?

**1** — Welcher Buchstabe fehlt? Verlängere die Wörter.

**2** — Schreibe die Adjektive auf: lieber – lieb, ...

er fra?t → wir fragen → er fragt

er schlä?t → ? → er schlä?t

sie he?t → wir heben → sie hebt

sie kle?t → ? → sie kle?t

**3** — Finde die Verlängerungen und schreibe die Verben wie im Beispiel auf.

# Noch mehr Übungen mit b, d, g und p, t, k

Lena fra▲t ihren lie★sten Freun● Tom:
„Kannst du auch schon Han●stan●?“
„Auf weichem San● oder an der Wan●
trau ich mich das“, sa▲t Tom.
Da schlä▲t Lena ein Ra● auf dem We▲.
„Gi★ nicht so an! So wei● werfen wie ich
kannst du nämlich nicht.“

**1** — Schreibe den Text ab und setze die richtigen Buchstaben ein.

Felix sch■■■■

Alex t■■■■

Kevin h■■■

Sara l■■■

Frau Schneider p■■■■

Hasan l■■■■

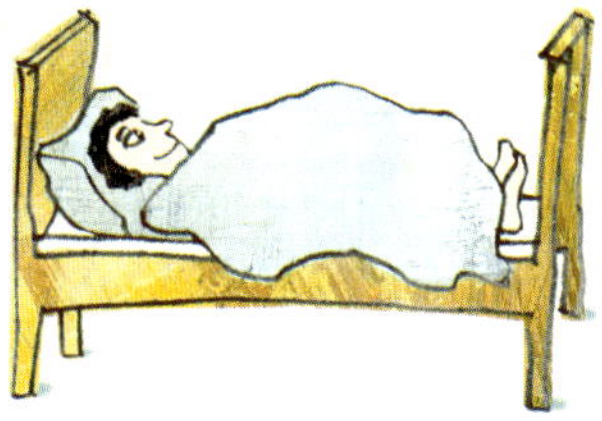

**2** — Schreibe passende Sätze zu den Bildern:
Felix schwebt beim Tanz …

## Früher

1 — Erzähle, was du auf den Fotos auf beiden Seiten siehst.

2 — Vergleicht die Fotos. Welche Fotos passen zusammen?

3 — Was war früher anders als heute? Beschreibt.

# Heute

1 — Ordne die Fotos nach der Tageszeit und schreibe so:

morgens: waschen – duschen
in die Schule gehen

mittags: ...

nachmittags: ...

historisch veränderte Lebensumstände erkennen
und beschreiben
Zeitadverbien einer Bildfolge zuordnen

# Mein Tag

Antons Opa wohnt in Hamburg, weit weg von Anton. Damit er weiß, was Anton macht, schreibt er eine Woche lang alles mit seinem Computer auf.

| | Montag, 10. März |
|---|---|
| 06 30 | Aufstehen, duschen |
| 07 00 | Frühstück, Zähne putzen |
| 07 30 | mit dem Bus zur Schule |
| 08 00 | Sport |
| 09 30 | große Pause |
| 10 00 | Deutsch und Mathematik |
| 11 30 | Schule aus |
| 12 30 | Mittagessen, Zähne putzen |
| 13 00 | Musik hören, spielen |
| 14 00 | Hausaufgaben |
| 14 30 | Computer spielen, den Tag aufschreiben |
| 15 00 | mit Tim im Baumhaus weiterbauen |
| 17 00 | Fußballtraining |
| 18 30 | fernsehen |
| 19 00 | Abendessen |
| 19 30 | waschen, Zähne putzen, lesen |
| 20 30 | schlafen |

1 — Was macht Anton am Nachmittag?

2 — Wie sieht dein Tag aus? Zeichne eine Tabelle und schreibe einen Tagesplan. Du kannst auch den Computer benutzen.

3 — Vergleicht eure Tagespläne.

# Mein Brief an Opa

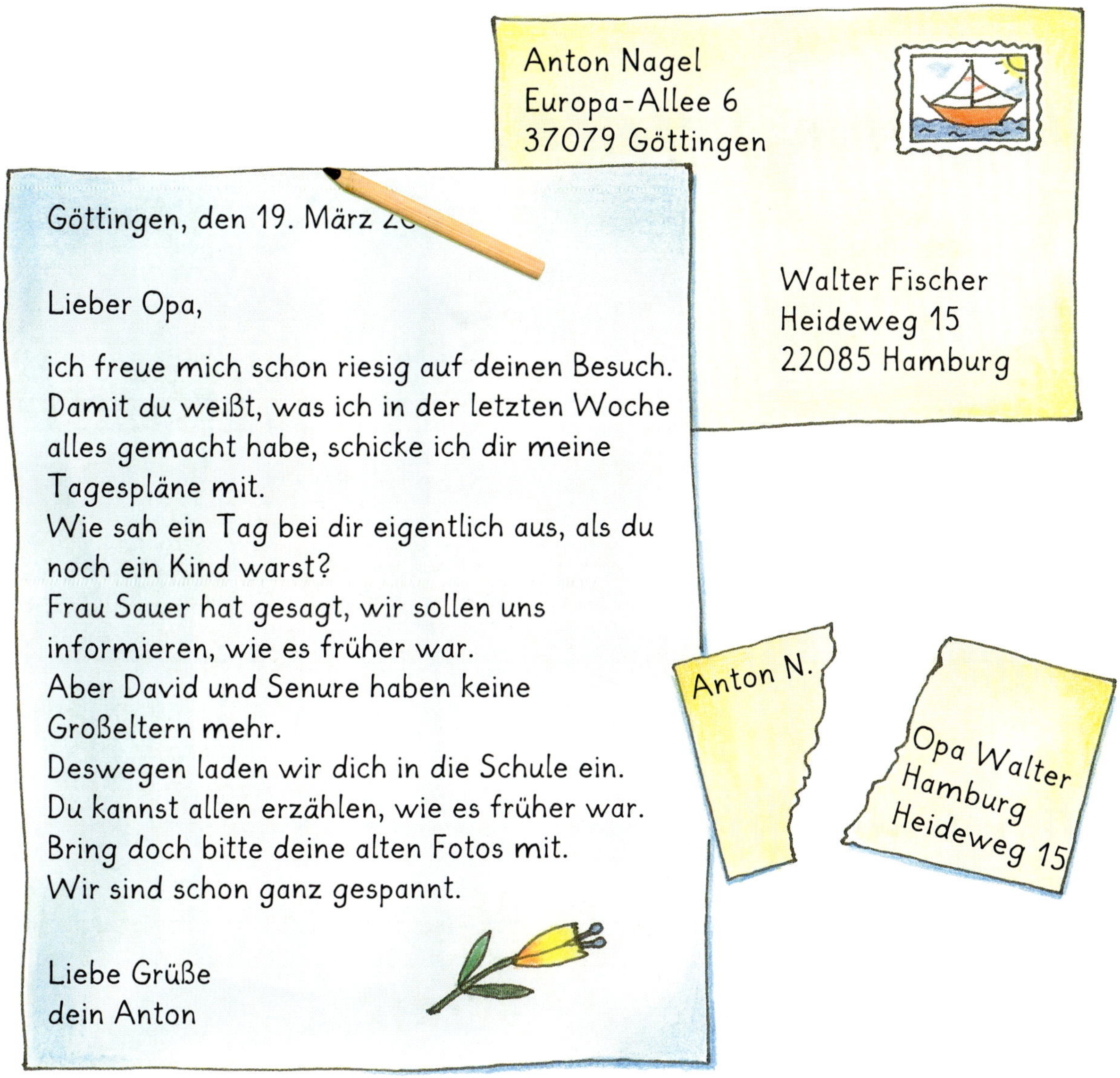


Göttingen, den 19. März 20

Lieber Opa,

ich freue mich schon riesig auf deinen Besuch.
Damit du weißt, was ich in der letzten Woche alles gemacht habe, schicke ich dir meine Tagespläne mit.
Wie sah ein Tag bei dir eigentlich aus, als du noch ein Kind warst?
Frau Sauer hat gesagt, wir sollen uns informieren, wie es früher war.
Aber David und Senure haben keine Großeltern mehr.
Deswegen laden wir dich in die Schule ein.
Du kannst allen erzählen, wie es früher war.
Bring doch bitte deine alten Fotos mit.
Wir sind schon ganz gespannt.

Liebe Grüße
dein Anton

1 — Warum schreibt Anton einen Brief an seinen Opa?

2 — Warum hat Anton einen neuen Briefumschlag geschrieben?

3 — Wer könnte euch von früher erzählen?

4 — Entwerft verschiedene Briefe. Schreibt euren Brief so, dass euer Gast gern kommt. Seite 93

5 — Vergleicht eure Briefe miteinander.

# So viele Fragen

1 — Welche Fragen sind ähnlich?

2 — Manche Fragen beginnen mit einem Fragewort.
Schreibe die Fragewörter auf: *wo, ...*

3 — Sammelt weitere Fragewörter und schreibt sie auf.

# Das Interview

1 — Vergleicht die Fragen auf beiden Seiten.
Warum wurden diese Fragen für das Interview ausgewählt?

2 — Bereitet ein Interview vor und schreibt eure Fragen auf Kärtchen.
Seite 102

3 — Vergleicht die Fragekärtchen und wählt gemeinsam die Fragen für euer Interview aus. Seite 84

Am Ende einer **Frage** steht ein **Fragezeichen** (?).

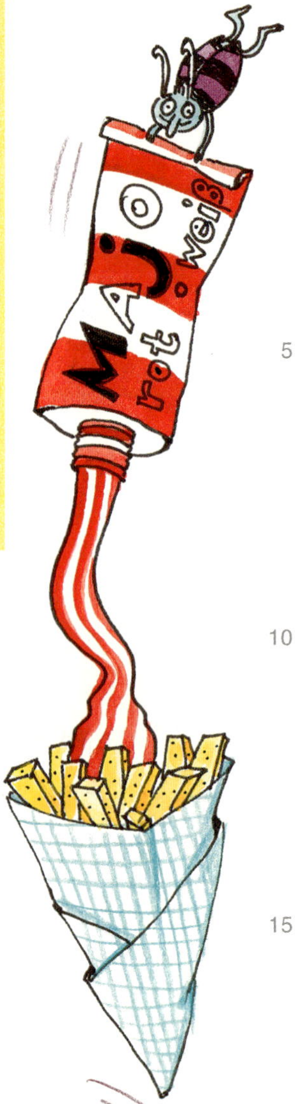


## Grießbrei oder Pizza?

Thomas kommt von der Schule nach Hause. Seine Mutter ist noch nicht da, weil sie in einem Supermarkt an der Kasse arbeitet. So fängt Thomas schon an, den Tisch zu decken. Was es wohl heute zu essen gibt? Es steht noch kein Topf auf dem Herd.

Kurze Zeit später klingelt es. Thomas öffnet. „Hallo, Oma“, sagt er ganz erstaunt. „Willst du uns besuchen?“ „Guten Tag, Thomas!“, sagt Oma. „Deine Mutter hat mich angerufen, damit ich mit dir esse. Sie muss heute nämlich länger arbeiten. Wie schön, dass du schon den Tisch gedeckt hast.“

„Was gibt es denn zu essen?“, fragt Thomas. „Ich habe uns eine Pizza mitgebracht. Die machen wir kurz in der Mikrowelle warm. Das geht ganz schnell“, sagt Oma. „Prima“, meint Thomas, „Pizza esse ich sehr gern.“

Als die beiden kurze Zeit später am Tisch sitzen und essen, sagt Oma: „Gut, dass es heute so viele Gerichte gibt, die so schnell fertig sind.“ „War das denn nicht immer so?“, fragt Thomas überrascht. Da lacht Oma. „Oh nein, Thomas! Früher musste man alles selbst machen.“ „Erzähl doch mal“, bittet Thomas.

Und die Oma erzählt: „Als ich ein kleines Mädchen war, gab es noch keinen Mikrowellenherd. Meistens wurden nur die Grundnahrungsmittel wie Mehl, Grieß, Haferflocken und Kartoffeln eingekauft. Daraus kochte meine Mutter unser Essen."

„Was gab es denn dann zu essen?", fragt Thomas. „Es gab Grießbrei mit Zimt und Zucker, Bratkartoffeln mit saurer Milch oder Eintopf. Fleisch gab es meist nur am Sonntag, weil das früher ziemlich teuer war." „Na ja, Grießbrei geht ja noch", denkt Thomas. „Aber Bratkartoffeln mit saurer Milch? Igitt!" „Sogar Nudeln wurden früher meist selbst gemacht", erzählt Oma weiter. „Und Pizza und Pommes frites kannte man gar nicht."

„Warum denn nicht?", wundert sich Thomas. „Weil das Gerichte aus anderen Ländern sind. Früher sind die Menschen aber noch nicht im Urlaub nach Italien, Spanien oder Frankreich gefahren. Deshalb waren diese Gerichte auch nicht so bekannt."

„Oh je!", meint Thomas. „Ich bin doch froh, dass ich erst jetzt lebe. Pizza und Pommes esse ich nämlich wirklich sehr gern!"

1 — Wer spricht hier miteinander?

2 — Was gab es noch nicht, als Oma ein Kind war?

3 — Was isst du besonders gern?

4 — Frage deine Eltern und Großeltern, was es bei ihnen früher zu essen gab.

# Von Großvaters Kindheit

Im Klassenzimmer stehen alle um den großen Ofen, reiben sich die Hände und lachen und reden. Wilhelm und Paul haben Ofendienst. Sie müssen dafür sorgen, dass immer genug Holz und Kohle da sind und die Glut nicht ausgeht.

***Herbert Günther***
*lebt mit seiner Familie, seinem Hund und vielen Büchern in der Nähe von Göttingen. Seine Kindheit und Jugend hat er auf dem Land verbracht. Er leitete einige Jahre eine Kinderbuchhandlung und arbeitet seit 1988 als Schriftsteller.*

Das Klassenzimmer ist die ganze Schule. Vom ersten bis zum achten Schuljahr sitzen alle 35 Schülerinnen und Schüler des Dorfes in einem Raum. Links die Mädchen, rechts die Jungen.

„Guten Morgen, Herr Lehrer!“, sagen alle im Chor, als Lehrer Bohne zur Tür hereinkommt. Lehrer Bohne ist ein großer, hagerer Mann mit einem ernsten Gesicht. Noch nie hat Theo ihn lachen sehen. Er bleibt zwischen seinem Pult und dem Ofen stehen und wartet mit ungeduldigem Blick, bis alle gerade und still stehen. „Rudolf, das Morgengebet!“, sagt Lehrer Bohne schließlich. Rudolf tritt auf den Gang zwischen den Mädchen- und den Jungenreihen, faltet die Hände, senkt den Kopf und betet.

Der Lehrer beschäftigt sich heute in den ersten beiden Stunden nur mit der Oberstufe. Währenddessen muss die Mittelstufe, das vierte, fünfte und sechste Schuljahr, Schönschrift üben.

Theo taucht die Stahlfeder in das im Pult eingelassene Tintenfass, lässt abtropfen und schreibt. Die Finger sind noch steif vor Kälte. Vor lauter Bemühen, nicht zu klecksen, werden die ersten Buchstaben krakelig. Schon bald wird es Theo langweilig, und er hört auf das, was Lehrer Bohne mit den Großen redet. Sie nehmen die wilden Tiere durch. Viel interessanter als Buchstaben schreiben, findet Theo. Das Rentier. Der asiatische Elefant. Der Tiger.

Die Schülerinnen und Schüler sitzen streng nach Leistung eingeteilt. Die mit der besten Leistung sitzen „oben“, das heißt hinten, die mit der schlechtesten Leistung sitzen „unten“, das heißt vorn. Lehrer Bohne ist heute anscheinend milde gestimmt. Nur beim Kopfrechnen schlägt er Anna mit dem Stock auf die Finger und zieht Otto Schütte am Ohr. Die Griffel der Erstklässler quietschen über die Schiefertafeln. Theo sieht, wie die Kleinen sich abmühen. Vor Eifer lecken sie immer wieder ihre Zeigefinger nass und wischen damit die verunglückten Buchstaben auf ihren Tafeln aus. Wilhelm und Paul haben gut eingeheizt. Theo wird schläfrig. Je mehr Zeit vergeht, desto größer wird seine Hoffnung, dass die Angst für heute umsonst gewesen ist.

1 — Welche Wörter kennt ihr nicht? Erklärt sie euch.

2 — Was war früher in der Schule anders als heute?

3 — Was darf ein Lehrer heute nicht mehr?

4 — Welche Kinder gehen in die Mittelstufe?

5 — Wovor hat Theo wohl Angst?



Lese-Test → AH S. 48

## Wörter mit *ie*

1 — Schreibe die Wörter in eine Tabelle:

| Wörter mit i | Wörter mit ie |
| --- | --- |
| das Kind | die Biene |

2 — Lies die Wörter laut und markiere immer den kurzen Selbstlaut mit einem Punkt, den langen mit einem Strich. Seite 127/128

3 — Worauf musst du beim Schreiben achten, wenn du in einem Wort ein langes *i* hörst? Seite 131

## Dein Schreibtraining

● Max spielt Post. Er schreibt vier Briefe und steckt sie in einen Umschlag. Die Briefmarken malt Max mit bunten Stiften.

●● Oma schickt Lena alte Fotos. Lena sieht Oma auf vielen Bildern. Aber Oma ist noch ein Kind. Auf einem Foto sitzt sie auf einer Ziege.

●●● Die Klasse 2 a hat Saras Opa eine Einladung geschickt. Er hatte früher einen Bauernhof mit vielen Tieren. Die Kinder wollen ein Interview mit ihm machen. Die Fragen haben sie schon aufgeschrieben.

die Biene   fliegen   hier   lieb   liegen   nie
der Riese   schieben   schief   sie   das Spiel
tief   das Tier   viel   wieder   das Ziel



Vokallänge abhören, Wörter mit *ie*
Schreibtraining: Modellwörter mit *ie*
(Aufgabenstellung wie auf Seite 80)

# Zurück in die Vergangenheit

1 — Dieser Ritter hat aus Versehen eine Zeitreise gemacht. Nun will er zurück in die Vergangenheit. Überlege:

- Wie kann er wieder zurückfinden?
- Wem begegnet er auf dieser sonderbaren Reise in die Vergangenheit?
- Was erlebt er alles auf seinem Weg zurück in die Ritterzeit?

2 — Schreibe die Geschichte auf. Seite 88

## Rumpelstilzchen

Es war einmal ein armer Müller, der hatte eine schöne Tochter. Nun traf es sich, dass er mit dem König sprach, und um sich ein Ansehen zu geben, sagte er zu ihm: „Ich habe eine Tochter, die kann Stroh zu Gold spinnen."

Der König sprach zum Müller: „Das ist eine Kunst, die mir wohlgefällt! Wenn deine Tochter so geschickt ist, wie du sagst, so bring sie morgen in mein Schloss. Da will ich sie auf die Probe stellen."

Als nun das Mädchen zu ihm gebracht wurde, führte er es in eine Kammer, die ganz voll Stroh lag, gab ihr Rad und Haspel und sprach: „Jetzt mache dich an die Arbeit, und wenn du diese Nacht durch bis morgen früh dieses Stroh nicht zu Gold versponnen hast, so musst du sterben." Darauf schloss er die Kammer selbst zu, und sie blieb allein darin.

Da saß nun die arme Müllerstochter und wusste um ihr Leben keinen Rat. Sie verstand gar nichts davon, wie man Stroh zu Gold spinnen konnte, und ihre Angst wurde immer größer, sodass sie endlich zu weinen anfing.

*Die Brüder **Jacob** und **Wilhelm Grimm** arbeiteten viele Jahre als Bibliothekare. Sie sammelten vor etwa 200 Jahren über 200 Märchen. Die Märchen, die man bis dahin nur erzählt hatte, wurden von ihnen zum ersten Mal aufgeschrieben.*

Da ging auf einmal die Tür auf, und ein kleines Männchen trat herein und sprach: „Guten Morgen, Jungfer Müllerin, warum weint Sie so sehr?“ „Ach“, antwortete das Mädchen, „ich soll Stroh zu Gold spinnen und verstehe das nicht.“ Sprach das Männchen: „Was gibst du mir, wenn ich dir’s spinne?“ „Mein Halsband“, sagte das Mädchen.

Das Männchen nahm das Halsband, setzte sich vor das Rädchen und schnurr, schnurr, schnurr, dreimal gezogen, war die Spule voll. Dann steckte es eine andere auf und schnurr, schnurr, schnurr, dreimal gezogen, war auch die zweite voll. Und so ging’s fort bis zum Morgen, da war alles Stroh versponnen, und alle Spulen waren voll Gold.

Bei Sonnenaufgang kam schon der König, und als er das Gold erblickte, erstaunte er und freute sich, aber sein Herz wurde nun noch goldgieriger. Er ließ die Müllerstochter in eine andere Kammer voll Stroh bringen, die noch viel größer war, und befahl ihr, das auch in einer Nacht zu spinnen, wenn ihr das Leben lieb wäre.

1 — Welche Wörter kennt ihr nicht? Findet heraus, was sie bedeuten.

2 — Warum sagt der Müller, dass seine Tochter Gold spinnen kann?

3 — Wer hilft der Müllerstochter? Was verlangt es dafür?

4 — Bringt Märchenbücher oder Märchenkassetten mit und lest oder hört das ganze Märchen.

## Märchenrätsel

Die Guten ins Töpfchen,
die Schlechten ins Kröpfchen.

Aschenputtel

Schneewittchen

Knusper, knusper, knäuschen,
wer knabbert an meinem Häuschen?

Großmutter, was hast du
für große Ohren?

Heute back ich, morgen brau ich,
übermorgen hol ich der Königin
ihr Kind.

Rumpelstilzchen

Rotkäppchen

Hänsel und Gretel

Spieglein, Spieglein an der Wand,
wer ist die Schönste im ganzen Land?

1 — Was wisst ihr von diesen Märchen?

2 — Lest die Sprüche. Zu welchen Märchen gehören sie?

3 — Schreibe die Titel einiger Märchen auf.
Schreibe die passenden Sprüche dazu.

4 — Von welchem Märchen habt ihr eine Kassette oder CD?
Bringt sie mit.

Märchentitel und -sprüche zuordnen
Märchenkenntnis erweitern

# Wolf und Wolf

Es war einmal eine alte Geiß, die hatte sieben junge Geißlein. Eines Tages wollte sie in den Wald gehen und Futter holen. Da rief sie alle sieben herbei und sagte, dass sie sich vor dem bösen Wolf in Acht nehmen sollten.

Nach einiger Zeit klopfte der Wolf an die Haustür und sprach: „Macht mir auf, ihr lieben Geißlein. Eure liebe Mutter ist nach Hause gekommen.“ Die Geißlein aber riefen: „Zeig uns zuerst deine weiße Pfote, damit wir wissen, dass du unsere Mutter bist!“

Der Wolf gehört zur Familie der Hunde. Von ihm stammen unsere Haushunde ab. Das Fell der Wölfe kann graubraun, schwarz, aber auch ganz weiß sein. Ein Wolf wird bis zu 1,40 m lang, 90 cm hoch und 75 kg schwer. Im Sommer lebt er meist als Paar oder als Einzelgänger. Im Winter leben Wölfe oft in Gruppen, die man *Rudel* nennt. Zusammen können sie besser jagen. Wölfe jagen Elche, Hirsche und Wildschafe. Sie fressen aber auch Nagetiere und Aas. Der Wolf wurde vom Menschen fast ausgerottet. In letzter Zeit kann er sich wieder mehr verbreiten.

**1** — Welcher Text ist ein Märchen? Woran erkennt ihr das?

**2** — Wo könnte der andere Text stehen?

# Die drei Böcke Brausewind

Es waren einmal drei Böcke, die wollten zur Alm gehen und sich fett machen, und alle drei hießen sie Brausewind. Auf dem Weg zur Alm mussten sie über eine Brücke, aber unter der Brücke wohnte ein großer abscheulicher Troll, der hatte Augen, so groß wie Suppenteller, und Ohren, so groß wie Fensterläden, und einen Mund, so breit wie eine Scheunentür, und Zähne, so lang und so scharf wie Fleischermesser.

Da kam der jüngste und kleinste Bock Brausewind. „Tripp, tripp! Tripp, tripp! Tripp, tripp!", macht's auf der Brücke. „Wer trippelt da über meine Brücke?", brüllte der große abscheuliche Troll. „Oh, das bin nur ich, der kleinste Bock Brausewind", sagte das Böckchen mit ganz feiner Stimme. „Ich wollte zur Alm gehen und mich fett machen."

„Aber jetzt komme ich und hole dich!", brüllte der große abscheuliche Troll und sprang auf die Brücke. „Ach, tu das nicht", sagte das Böckchen, „ich bin ja noch so klein, warte noch ein bisschen, gleich kommt noch einer, der ist größer als ich." „Jawohl!", sagte der Troll und trollte sich wieder unter die Brücke.

Nicht lange, da kam der zweite Bock Brausewind. „Trapp, trapp! Trapp, trapp! Trapp, trapp!", macht's auf der Brücke. „Wer trappelt da über meine Brücke?", brüllte der große abscheuliche Troll. „Das bin ich, der zweite Bock Brausewind", sagte der und seine Stimme war schon nicht mehr so fein. „Ich will zur Alm gehen und mich fett machen."

„Aber jetzt komme ich und hole dich!", brüllte der große abscheuliche Troll und sprang auf die Brücke.

„Ach nein, tu das nicht“, sagte der Bock, „warte noch ein bisschen, dann kommt einer, der ist noch größer als ich.“

„Jawohl!“, sagte der Troll und trollte sich wieder unter die Brücke.

Und dann kam der große Bock Brausewind.

„Taram, taram! Taram, taram! Taram, taram!“, macht's auf der Brücke, dass sie fast zusammenkracht. „Wer trampelt da über meine Brücke?“, brummte der große abscheuliche Troll.

„Das bin ich, der große Bock Brausewind!“, sagte der mit ziemlich grober Stimme. „Ich geh zur Alm und mach mich fett!“

„Aber jetzt komme ich und hole dich!“, sagte der große abscheuliche Troll und kletterte auf die Brücke.

„Dann komm nur,“ sagte der große Bock und senkte seinen Kopf, und seine Hörnerspitzen blitzten, und seine eisenharten Hufe trommelten auf die Brücke, und er rief: „Siehst du meine Hörnerspitzen? Die werden dir den Bauch aufschlitzen!
Hörst du meine Hufe krachen,
die Mus aus deinen Knochen machen?“
Und damit fuhr er auf den Troll los, nahm ihn auf die Hörner, trampelte auf ihm herum, und als er ihn windelweich geklopft hatte, warf er ihn ins Wasser.

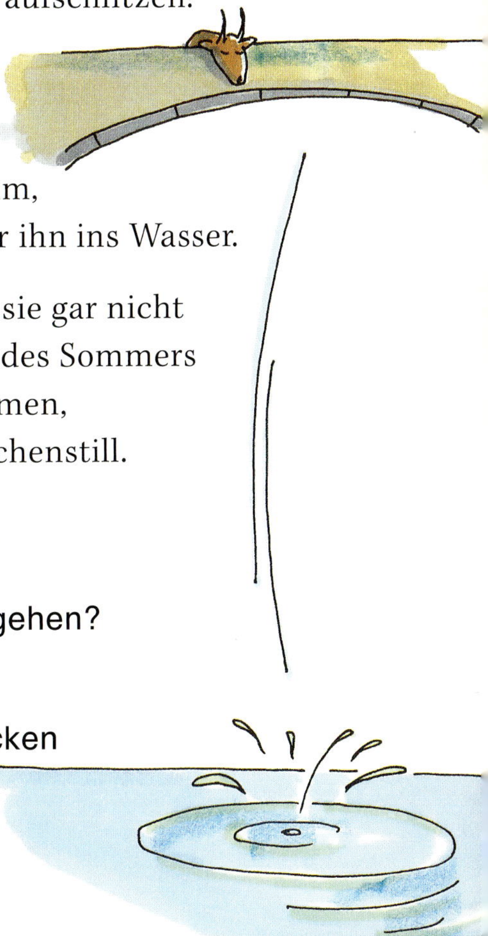

Auf der Alm haben sie sich so fett gemacht, dass sie gar nicht wieder nach Hause wollten. Und als sie am Ende des Sommers doch wieder heimgingen und über die Brücke kamen, da war der große abscheuliche Troll mucksmäuschenstill.

1 — Was gefällt dir in dem Märchen besonders gut?

2 — Wie klingt es, wenn die Böcke über die Brücke gehen? Mache es nach.

3 — Wie verhält sich der Troll bei den einzelnen Böcken und am Ende des Märchens?

4 — Spielt das Märchen.

Vorlieben bei der Lektüre äußern
Fragen zum Text beantworten
Texte szenisch umsetzen

Lese-Test → AH S. 52

# Der Schnee

In alten Zeiten hat der Schnee gar keine Farbe gehabt und hat so gern eine haben wollen. Da geht er hin und bittet das Gras, es solle ihm seine Farbe geben. Das Gras lacht ihn aber höhnisch aus und sagt: „Geh weiter."

Da bittet er die Rose. Die Rose will aber auch nicht. Da geht er die Reihe herum zu allen anderen Blumen, aber die wollen nichts von ihm wissen und lachen ihn alle nur aus.

Zuletzt kommt er zu dem Schneeglöckchen. Das Schneeglöckchen will erst auch nicht. Da wird der Schnee ganz traurig und sagt: „Dann geht mir das ja geradeso wie dem Wind. Der hat auch keine Farbe und brüllt und bläst bloß. Den kann auch niemand sehen."

Da erbarmt sich das Schneeglöckchen und gibt ihm seine Farbe. So ist der Schnee weiß geworden. Seither ist der Schnee all den anderen Blumen gram und lässt sie erfrieren. Bloß das Schneeglöckchen, das friert nie, das schont der Schnee.

**1** — In diesem Märchen gibt es einige ungewöhnliche Wörter: *höhnisch, sich erbarmen, gram sein.* Finde sie im Märchen und erkläre sie.

**2** — Was wünscht sich der Schnee? Was machen die Blumen?

**3** — Was tut der Schnee am Ende? Warum tut er das?

# Erzählkarten herstellen

Manchmal kann man sich eine Geschichte schwer merken.

Erzählkarten helfen dir.

1 — Welche Sätze im Märchen gehören zu den Karten? Lest sie vor.

2 — Welche Stichworte passen auf die beiden letzten Karten?
Lest dazu die Sätze vor. Seite 85

3 — Schreibe die acht Erzählkarten. Du kannst auch malen.

4 — Erzählt das Märchen mit Hilfe der Erzählkarten.

Erzählkarten als Erzählhilfe verwenden
Stichworte zum Text notieren

Stichworte ordnen,
Erzählkarten verwenden
→ AH S. 53

# Wortbausteine *-chen* und *-lein*

Schneewittchen kommt zum Haus der sieben Zwerge.
Sie geht in das Häuschen hinein. Schneewittchen staunt.
Alles ist so klein. Sie sieht Messerchen und Löffelchen.

1 — Erzähle, was Schneewittchen noch im Haus der Zwerge sieht.

2 — Schreibe auf: die Gabel – das Gäbelchen
der Tisch – das Tischlein …

3 — Hänge an alle Wörter die Wortbausteine *-chen* oder *-lein*:
die Krone – das Krönchen …
Wie ändert sich die Bedeutung der Wörter?

4 — Wie ändern sich die Artikel?

5 — Markiere die Selbstlaute wie im Beispiel. Was fällt dir auf?
Seite 132

**ä, ö, ü** und **äu** sind **Umlaute.**

# Dein Schreibtraining

Es ist schon dunkel.
Die Zwerge kommen ins Häuschen zurück.
Sie zünden die Lichtlein an.
Wer schläft in einem Bettchen?

Die Hexe sperrt das Brüderchen in ein Ställchen.
Das Schwesterchen befreit das Brüderchen.
In seinem Schürzlein sammelt das Mädchen Edelsteine.
So haben alle Sorgen ein Ende.

Die klugen Täubchen wissen immer Rat.
Das Mädchen verlässt am Abend heimlich das Haus.
Beim Ball auf dem Schloss ist es die schönste Tänzerin.
Ganz wichtig ist ihr zierlicher Schuh.

1 — Wie heißen die Märchen?
Du kannst sie bei den Brüdern Grimm nachlesen.

2 — Schreibe aus allen Texten die Wörter mit *-chen* und *-lein* heraus.

3 — Schreibe selbst ein solches Rätsel. Gib es einem anderen Kind.
Findet es die Lösung?

| | | | |
|---|---|---|---|
| das Böckchen | das Brüderchen | das Gäbelchen | das Geißlein |
| das Glöckchen | das Häuschen | das Lichtlein | das Löffelchen |
| das Mädchen | das Märchen | das Mäuschen | das Messerchen |
| das Röslein | das Schlösschen | das Schürzlein | das Tischlein |

Schreibtraining, Modellwörter für Verkleinerungsformen (Umlaute)
(Aufgabenstellung wie auf Seite 80)

# Der dicke fette Pfannkuchen

Es waren einmal drei alte Frauen, die gerne Pfannkuchen essen wollten. Da gab die erste ein Ei dazu, die zweite Milch und die dritte Fett und Mehl.

Als der dicke, fette Pfannkuchen fertig war, sprang er aus der Pfanne und lief den drei alten Frauen weg. Und er lief immerzu und lief, kantapper, kantapper, in den Wald hinein.

Da kam ein Hase gelaufen und rief: „Dicker, fetter Pfannkuchen. Bleib stehen. Ich will dich fressen.“ Der Pfannkuchen antwortete: „Ich bin den drei alten Frauen entlaufen und dir soll ich nicht entlaufen?“ Und der Pfannkuchen lief immerzu, kantapper, kantapper, den Weg entlang.

Da kam ein Wolf gelaufen und rief: „Dicker, fetter Pfannkuchen. Bleib stehen. Ich will dich fressen.“ Der Pfannkuchen antwortete: „Ich bin den drei alten Frauen und dem Hasen entlaufen und soll dir nicht entlaufen?“ Und der Pfannkuchen lief immerzu, kantapper, kantapper, den Weg entlang.

Da kam ein Reh gelaufen …

Da kam eine …

Da kam ein …

Und als er so lief und lief,
da saßen drei kleine Kinder am Wegrand,
die hatten keinen Vater und keine Mutter mehr.
Als sie den dicken, fetten Pfannkuchen sahen,
streckten sie ihre Arme bittend nach ihm aus.
„Lieber, guter Pfannkuchen, bleib stehn!“,
riefen die Kinder.
„Wir haben noch nichts gegessen, den ganzen Tag!“
Da sprang der dicke, fette, liebe, gute Pfannkuchen
den Kindern in den Korb und ließ sich
von ihnen ratzeputz aufessen.

1 — Die Antwort vom Pfannkuchen wird immer länger. Warum?

2 — Warum lässt sich der Pfannkuchen von den Kindern essen?

3 — Suche dir ein Bild aus und schreibe dazu den Text. Seite 91

4 — Verteilt die Rollen und lest das ganze Märchen so vor.

# Märchen spielen

Für die **Bühne** braucht jede Gruppe:
*einen großen Karton, Pinsel, Farben, Scheren, Klebstoff*

1. Schneidet aus dem Karton eine Seite heraus.
2. Malt die Innenseiten des Kartons an.
3. Malt zwei Bäume und schneidet sie aus.
4. Klebt die Bäume an.

①
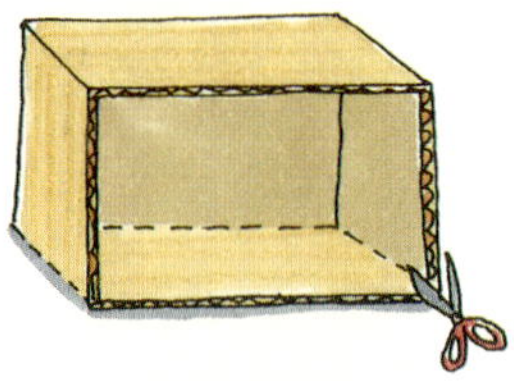

②
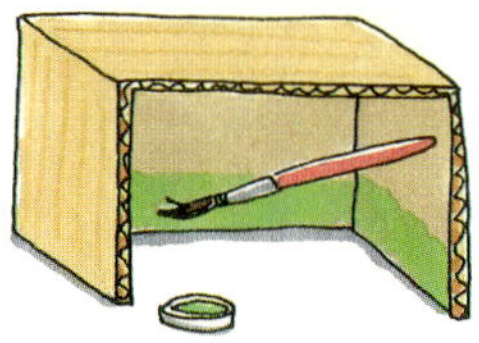

③

④

Für die **Stabfiguren** braucht jede Gruppe:
*Karton, Farben, Holzstäbe, Klebeband, Schere*

1. Zeichnet den Pfannkuchen, die Tiere, die drei alten Frauen und die drei Kinder auf Karton.
2. Malt die Figuren an und schneidet sie aus.
3. Klebt die Holzstäbe auf die Rückseiten der Figuren.

1 — Bastelt die Bühne und die Stabfiguren.

1 — Spielt das Märchen.

- Verteilt die Rollen. Für den Anfang und das Ende braucht ihr auch eine Erzählerin oder einen Erzähler.
- Probiert aus, wie die Figuren am besten sprechen.
- Wie macht ihr deutlich, wer gerade spricht?

2 — Besprecht: Was hat euch gefallen? Kann das Spiel noch verbessert werden?

Märchen spielen: Rollenverteilung, Sprachgestaltung, Puppenführung
Spiel bewerten und verbessern

# Was man mit Bäumen alles tun kann

1 — Welche Wörter reimen sich in diesem Gedicht?

2 — Trage das Gedicht wie ein Dichter oder eine Dichterin vor.

3 — Fallen dir noch mehr Wörter zum Baum ein? Schreibe sie auf.
Seite 114

4 — Findest du zu einem der Wörter einen Reim?



Binnenreim erkennen; Reimwörter finden
Gedicht vortragen
Wortfeld *Baum*

# Nina sieht alles ganz anders

Nina und der Großvater gehen im Wald spazieren. Nina schiebt Blätterhaufen vor sich her. Das raschelt so schön. Blätter fliegen ringsum wie Schmetterlinge. Der Großvater bleibt stehen.

„Horch“, sagt er. Nina bleibt auch stehen. Sie hört Äste knacken. Sie hört, wie ein kleines Tier durchs Gestrüpp wuselt. Sie hört einen Vogel rufen, ganz leise: „Zi-witt!“ Sie hört den Wind in den Blättern rauschen. Der Großvater legt den Finger auf den Mund. Nina horcht, so sehr sie kann. Sie hört in der Ferne die Autos sausen. Sie hört ihren eigenen Atem und den vom Großvater.

„Hörst du die Stille?“, fragt der Großvater eine Weile später. „Nein“, sagt Nina.

*Renate Welsh*

1 — Lies den Text zuerst nur für dich. Stell dir vor, du bist mit Nina im Wald.

2 — Lies den Text leise so vor, dass er zur Stille im Wald passt.

3 — Wer macht Geräusche in diesem Text? Wie hören sie sich an?

4 — Was meint Großvater mit der Stille, die man hören kann?

## Die Puddingsäge

Die Hexe Pfefferminze schwebte vergnügt durch den sonnigen Wald. Plötzlich bremste sie ab und spitzte die Ohren. „Was ist denn das für ein Lärm?“, murmelte sie verwundert. Sie machte ein strenges Gesicht und kroch durch das Dickicht.

„Was ist denn hier los?“, rief die Hexe Pfefferminze. „Verschwinde, Kleine“, knurrte ein Waldarbeiter. „Hier wird eine Straße gebaut.“

Pfefferminze machte große Augen. „Mitten in den Wald gehört doch keine Straße!“, rief sie erbost. „Aber dem wird der Spaß gleich vergehen…“

Sie zückte ihren Zauberstab. „Hokuspokus – wi, wa, wu, der Wald wird reden, hör ihm zu …“, hexte sie leise.

***Jana Frey*** *wurde 1969 in Düsseldorf geboren. Lange Zeit lebte sie in den USA. Besonders gerne arbeitete sie dort mit Jugendlichen. Heute wohnt sie in Wiesbaden und schreibt Kinder- und Jugendbücher.*

„Bitte zersäg mich nicht“,
bat da eine traurige Stimme.
„Wer spricht da?“,
fragte der Waldarbeiter verwundert.
„Ich“, sagte der Baum
und verbeugte sich raschelnd.
„So ein Unsinn“,
schnaubte der Waldarbeiter.

„Hokuspokus – Spinnenbein,
die Säge soll aus Pudding sein!“,
flüsterte Pfefferminze hastig.
„Verflixt!“, rief der Waldarbeiter.
„Die Säge zerrinnt in meinen Händen.“

„Hokuspokus – Hexenrat,
deine Hose ist aus Blattspinat!“
„Hilfe!“, rief der Waldarbeiter
und rannte wie der Blitz davon.
„Na also“, sagte die Hexe Pfefferminze
und schwebte lächelnd hinweg.

1 — Worüber sind der Waldarbeiter und die Hexe Pfefferminze verschiedener Meinung?

2 — Wie fühlen sich die beiden? Welche Zeilen im Text zeigen das? Lies sie vor.

3 — Lest die Geschichte mit verteilten Rollen. Welche Wörter sagen euch, wie ihr lesen müsst?

4 — Wann wünschst du dir eine Hexe Pfefferminze herbei? Welchen Hexenspruch könnte sie dann sagen?



Lese-Test → AH S. 56

# Wochenende

sagen reden sprechen rufen meinen schwatzen plaudern quatschen

schreiten spazieren schlendern bummeln trampeln eilen trotten

laufen gehen kommen schleichen rennen wandern

antworten beschließen schreien fragen erzählen flüstern erklären

1 — Welche Verben gehören zusammen? Warum?

2 — Schreibe die Verben nach Wortfeldern geordnet auf. Seite 114

| sagen | gehen |
|---|---|
| reden | laufen |

Am Sonntag wollen wir . Wir  zum Waldsee. Oma und Mama  nebeneinander. Ich  langsam hinterher. Marie  immer voraus. Opa , dass sie nicht so schnell  soll. Papa  ihm von seinem neuen Auto. Als einmal keiner , hören alle, wie der Wind in den Zweigen rauscht. Dann  wir auf eine Lichtung. „Schön ist es hier“,  Opa. „Jetzt machen wir Rast“,  Mama. Alle essen und .

3 — Welche Verben aus der Tabelle passen?
Schreibe den Text auf.

# Willis Wunderbaum

1 — Wie könnte die Geschichte weitergehen?

2 — Erzähle deine Geschichte einem anderen Kind.

3 — Schreibe die Geschichte auf. Beschreibe dabei auch, welche Gefühle Willi hat. Seite 87, 89

4 — Überlegt gemeinsam, wie ihr eure Geschichten noch verbessern könnt. Seite 96

# Was stimmt hier nicht?

Gestern haben wir einen frisch abgesägten Baum gefunden. Großvater hat uns gezeigt, wie man sein Alter bestimmt.

Das ist gar nicht schwer. Man muss nur die Jahresringe zählen. Denn der Baum hat ja schon Jahresringe gebildet, als er noch klein war. Nur Birken zählen selbst laut mit und schreiben die Zahl mit dem Füller auf ihre Rinde.

Wenn der Stamm wächst, bildet er immer neue Jahresringe. Der Ring im Frühjahr ist hell und der Ring im Herbst ist dunkel. Breite Ringe entstehen in guten Jahren mit viel Licht und genügend Feuchtigkeit. Manche Ringe können sogar die Lieder vorsingen, die damals beliebt waren. Schmale Ringe entstehen in schlechten Jahren, in denen es zu trocken oder zu kalt war.

1 — Hier stimmt etwas nicht. Im Text stehen zwei Unsinns-Sätze. Welche sind es?

2 — Welcher Satz erklärt, was *Frühholz* und was *Spätholz* ist?

Textlogik nachvollziehen;
Unsinnssätze erkennen
Fragen zum Sachtext beantworten

## Schnaddel di daddel

Schnaddel di daddel di duddel di daum,
am Bach auf der Wiese, da steht ein Baum.

Schnaddel di daddel di duddel di dest,
im Baumwipfel baut sich der Vogel ein .

Schnaddel di daddel di duddel di dabel,
bald schlüpfen die Jungen und öffnen den .

Schnaddel di daddel di duddel di datze,
eines Abends schleicht über die Wiese 'ne .

Schnaddel di daddel di duddel di damm,
um die Küken zu fressen, erklimmt sie den .

Schnaddel di daddel di duddel di deige,
ganz kräftig schüttelt der Baum seine .

Schnaddel di daddel di duddel di diese,
erschreckt springt die Katze zurück auf die .

Schnaddel di daddel di duddel di daum,
„danke schön!", piepst es ganz hoch aus dem .

*KNISTER*

**1** — Finde die Reimwörter und lies das Gedicht vor.

**2** — Denkt euch selbst solche Reime aus und schreibt sie auf.
Seite 91

# Verben verändern: Wortbausteine

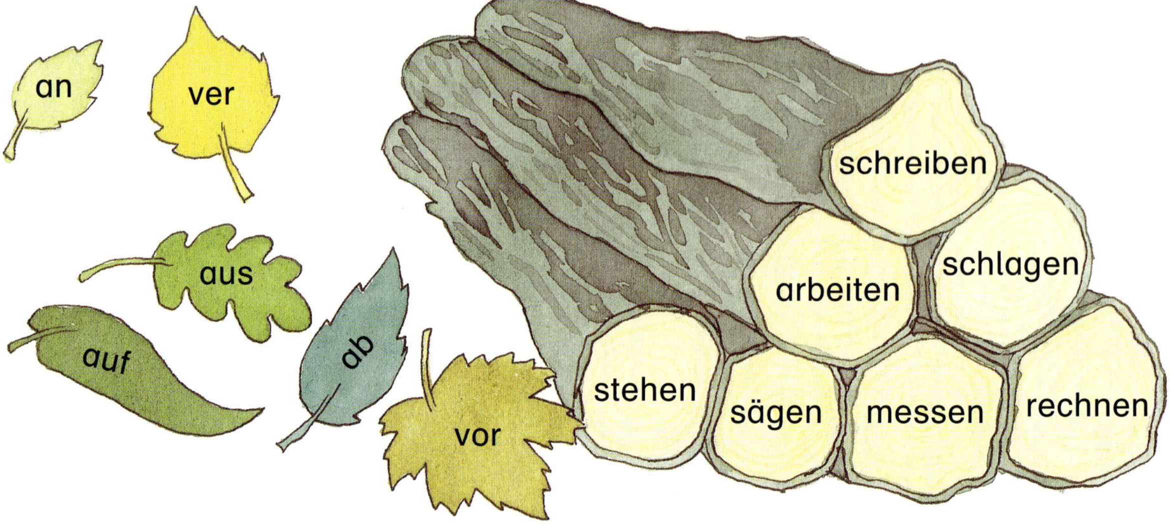


**1** — Welche Wortbausteine kannst du mit den Verben verbinden?
Schreibe die neuen Wörter auf: *sägen: aussägen, ansägen, ...*
Seite 110

Holzfäller fällen Bäume im Wald. Dann werden die Äste entfernt. Kleine Zweige können sie mit der Axt ___schlagen. Große Äste müssen sie ___sägen. Erst dann können die Holzfäller das Holz ___messen und alles genau ___schreiben. Sie müssen auch ___rechnen, wie viel Holz sie geerntet haben. Holzfäller ___stehen auch etwas von Motorsägen und Seilwinden. Das Holz ___arbeiten später die Sägewerke.

**2** — Welche Wortbausteine passen am besten? Probiere es aus.

**3** — Schreibe den Text richtig auf.

# Des Königs Kutschfahrt

Eines schönen Tages wollte der König mit seinen Nichten einen prächtigen Eichenwald besichtigen. Rasch fuhren sie mit der Kutsche über den Deich. Aber der Kutscher kutschte so forsch, dass die Kutsche vom Deich rutschte, in den Matsch platschte und schließlich zu den Fischen ins Wasser plumpste.

Becher, Flaschen, Taschen, ein Tisch und ein Teppich, ein Dolch und sogar ein Feuerlöscher purzelten aus des Königs Wagen. Nun war der König überhaupt nicht mehr fröhlich. „Wo sind meine Nichten?“, rief er und strampelte im Matsch.

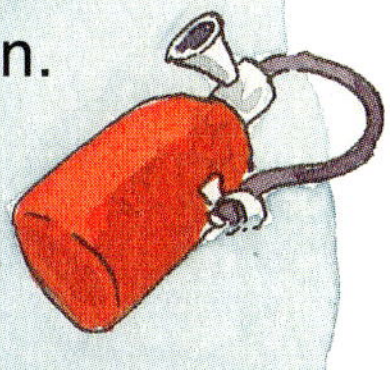

Schnell tischte der Kutscher dem König da sein Mahl auf. „Schaut her, Herr König! Fleisch vom Kaninchen und vom Hirsch, frischer Fisch und köstliche Kirschen mit Schlagsahne!“ Da vergaß der König alles: sein Wäldchen mit den Eichen und den Lärchen, den Kutscher und die Kutsche und sogar seine Nichten.

**1** — Lies die Geschichte so vor, dass man *ch* und *sch* besonders deutlich hört.

**2** — Schreibe alle Wörter mit *ch* oder *sch* auf:

| ch | sch |
|---|---|
| die Nichten | die Kutschfahrt |

# Von Eulen und Mäusen

## Die Eule

In Bäumen und Sch?nen
hört man nachts die ?len h?len.
Lautlos st?ern sie die B?te an.
Schl?nigst und mit Fr?de dann
verschlingen sie die B?te
– auf jeden Fall noch h?te.

1 — Setze für die ? *Eu* oder *eu* ein. Schreibe das Gedicht auf. Markiere immer *Eu* und *eu*.

2 — Welches Wort schreibt man nicht mit *eu*, obwohl man es hört?

3 — Suche weitere Wörter mit *eu* in der Wörterliste und schreibe sie auf.

## Auf der Waldwiese

Feldm?se leben nicht zwischen B?men und Str?chern, sondern auf Äckern und Wiesen. Sie fressen Gräser und Kr?ter, Klee, Getreide, Rüben und Rinde. In unterirdischen Gängen huschen sie ger?schlos hin und her. Ihr Fell ist br?nlich. Die größten M?ser?ber sind Katzen, Greifvögel, Wiesel, Füchse und Eulen.

4 — Schreibe den Text auf. Setze für ? *Äu* oder *äu* ein. Markiere immer *Äu* und *äu*.

5 — Suche zu den Wörtern mit *äu* Verwandte mit *au*. Schreibe so: eine Feldmaus – viele Feldmäuse, …

## eu oder äu?

1 — Welche Wörter sind gemeint? Lest sie vor.

2 — Welche Wörter haben Verwandte mit *au*? Schreibe sie auf:

ein Traum – viele Träume, ...

3 — Schreibe die übrigen Wörter auf. Was fällt dir auf?

4 — Wann musst du *äu*, wann *eu* schreiben? Seite 132

## Dein Schreibtraining

Jana träumt. Sie hat ein kleines Häuschen zwischen Bäumen im Wald. Sie backt Kuchen. Heute kommt ihre Freundin zu Besuch.

Paula und Paul freuen sich. Sie beobachten neun kleine Waldmäuse zwischen den Sträuchern. Dann hört man Leute hinter den Bäumen. Blitzschnell sind die Mäuschen verschwunden.

Neulich haben wir Räuber gespielt. Es war schon fast dunkel. Mein Freund hat mit seiner Taschenlampe überall hingeleuchtet. Dabei hat er eine träumende Eule aufgescheucht. So ein Schreck!

deutlich  der Mensch  die Milch  die Nacht  nicht
schlafen  die Tasche  zwischen  euer  heute  die Leute
neu  die Bäume  häufig  träumen  die Verkäuferin

# Im Wald

rechts links geradeaus auf unter über
neben hinter zwischen an vorbei

1 — Hänsel und Gretel wollen nach Hause zur Holzfällerhütte. Beschreibe den Weg. Die Wörter im Kasten helfen dir.

2 — Beschreibe den Weg noch einmal so, dass die Kinder nicht am Hexenhaus vorbeigehen müssen.

1 — Folge der Wegbeschreibung. Wohin kommst du?

2 — Wähle ein Ziel aus. Beschreibe einem anderen Kind den Weg. Das Kind zeigt dir den Weg mit dem Finger auf der Karte.

## Auf Wieder-Wiedersehen

Dies sind Seval, Felix, Niki, Pepe mit seinem Hund Mäxchen und Luzie.

Die Kinder wohnen alle in der Kölner Straße und treffen sich fast jeden Nachmittag auf dem Spielplatz am Park. Ihr Lieblingsbuch ist *Pippi Langstrumpf,* und oft spielen sie Pippis Abenteuer nach. Die fünf denken sich aber auch ganz andere Spiele aus.

Eines Tages wird Felix ganz komisch. Er hat zu gar nichts mehr Lust. Sogar sein Skateboard knallt er einfach in die Ecke. Als seine Freunde ihn zum Spielen abholen wollen, motzt er bloß: „Ihr seid ja auch doof, ich will mit euch nichts mehr zu tun haben!“ Deshalb haben Seval, Niki, Pepe und Luzie jetzt auch keine Lust mehr, mit Felix zu spielen.

Etwas später steht ein Umzugswagen auf der Straße und Felix’ Papa packt seine ganzen Sachen in das Auto. Er zieht aus. Die Kinder beobachten, wie traurig und allein Felix auf der Bordsteinkante hockt. Jetzt verstehen sie, warum er so komisch war.

Niki kann Felix am allerbesten verstehen, denn sie wohnt auch nur mit ihrer Mama zusammen. Der Papa ist vor ein paar Monaten auch ausgezogen. Nachdem ihr Papa ausgezogen war, hatte Niki gar keine Lust mehr, ihn wiederzusehen.

Bei Felix ist alles ganz anders. Er ist traurig und vermisst seinen Papa, denn der ist lieb und macht richtig schöne Sachen mit Felix. Oft träumt Felix, Mama und Papa würden sich wieder vertragen. Doch in Wirklichkeit tun sie das nicht.

Felix sagt seiner Mama, dass er Papa noch immer sehr lieb hat und ihn deshalb ganz oft besuchen will. Mama hört Felix genau zu und ist einverstanden.

Papa freut sich, Felix wiederzusehen. Alle drei überlegen zusammen, dass Felix Papa am Wochenende besuchen kann. „Nur noch zweimal schlafen", jubelt Felix. „Dann habe ich ein Wieder-Wiedersehen-Wochenende, denn wenn ich Mama „Auf Wiedersehen" sage, dann sehe ich Papa wieder. Und wenn ich Papa „Auf Wiedersehen" sage, dann sehe ich Mama wieder."

Seval, Niki, Pepe und Luzie sind froh, dass es ihrem Freund Felix wieder besser geht und er in der Kölner Straße wohnen bleibt. Jetzt können die fünf sich auch wieder neue Spiele ausdenken.

*Ursula Enders*

1 — Warum ist Felix eines Tages komisch?

2 — Was wünscht sich Felix?

3 — Was nennt Felix ein *Wieder-Wiedersehen-Wochenende*?

# Ärger zu Hause

Als Lina am Mittag aus der Schule nach Hause kommt, sitzt ihr kleiner Bruder schon am Tisch. Er panscht mit seinem Löffel im Spinat. Neben dem Teller steht ein kleines rotes Feuerwehrauto. Er nimmt es in die Hand und lässt es gegen seinen Teller fahren. Lina setzt sich auf ihren Platz und fängt an zu essen. „Wie war es in der Schule?“, fragt die Mutter. „Wie immer“, antwortet Lina. „Klong“, schon wieder knallt das Auto gegen den Teller. „Lass das jetzt bitte sein und iss deinen Spinat auf, Nils!“, ermahnt ihn die Mutter.

Aber Nils denkt gar nicht daran. Immer wieder lenkt er das Feuerwehrauto gegen den Tellerrand. „Jetzt reicht’s!“ Linas Mutter nimmt das Auto und legt es auf den Schrank. Nils fängt an zu schreien. „Daran bist du selbst schuld, Nils. Ich hab dir tausendmal gesagt, du sollst endlich damit aufhören!“, schimpft die Mutter. Jetzt schreit Nils nur noch lauter.

Da steht Lina auf und geht in ihr Zimmer. Sie knallt die Tür hinter sich zu und wirft sich aufs Bett. Dann hat sie eine Idee. Sie nimmt die CD von Antonio Vivaldi und legt sie ein. Lina entscheidet sich für das Stück *Der Frühling* aus den *Vier Jahreszeiten*. Leise beginnt die Musik zu spielen.

Zuerst hört Lina Vogelgezwitscher. Die Vögel sitzen auf einem Baum und singen. Die Bäume sind grün, und auch die ersten Blütenknospen sind schon zu sehen. Zwischen den Bäumen murmelt die Quelle eines kleinen Baches. Ein warmer Wind bewegt das grüne Gras sanft hin und her. Dann wird der Wind immer stärker, und dunkle Wolken ziehen auf. Bald darauf blitzt und donnert es heftig, aber das Gewitter dauert nicht lange. Es wird wieder still, und die Luft ist jetzt ganz frisch. Gleich fangen auch die Vögel wieder an zu singen.

In diesem Moment klopft es an Linas Zimmertür. „Alles klar, meine Große?" Die Mutter setzt sich zu Lina auf das Bett. „Alles in Ordnung, Mama." Linas Mutter lächelt. „Hast du vielleicht noch Lust auf Nachtisch?", fragt sie. „Nein, ich wollte gerade ein Frühlingsbild malen", antwortet Lina. „Ich komme, wenn ich damit fertig bin."

1 — Warum knallt Lina die Tür zu?

2 — Warum hört sich Lina die Musik von Antonio Vivaldi an?

3 — Besorgt euch die CD die *Vier Jahreszeiten* von Antonio Vivaldi. Hört euch daraus den *Frühling* an. Erkennt ihr die Dinge wieder, die Lina sich vorgestellt hat?

4 — Male selbst ein Bild zur Musik.



Lese-Test → AH S. 60

# Geschafft?!

Was machst du, wenn du einen anstrengenden Schultag hattest und geschafft bist?

Ich gucke Fernsehen. (Max)

Am liebsten lege ich mich auf mein Bett und höre Musik. (Sabrina)

Ich gehe raus. (Dafina)

Klavier spielen hilft mir am meisten. (Tabea)

Ich trainiere mit meinem Freund Judo. (Okan)

Computerspiele machen mir Spaß. (Franziska)

1 — Was tust du, um dich zu erholen? Male und schreibe es auf.

2 — Stellt eure Bilder und Texte vor.

3 — Welche der vorgestellten Möglichkeiten möchtest du auch ausprobieren?

# Wortfamilien

1 — Schreibe die Wörter dieser Wortfamilie auf.

2 — Was haben alle Wörter gemeinsam? Markiere es.

Alle Wörter, die miteinander verwandt sind, gehören zu einer **Wortfamilie**. Was diese Wörter gemeinsam haben, nennt man **Wortstamm**: *befreundet, Freunde …*

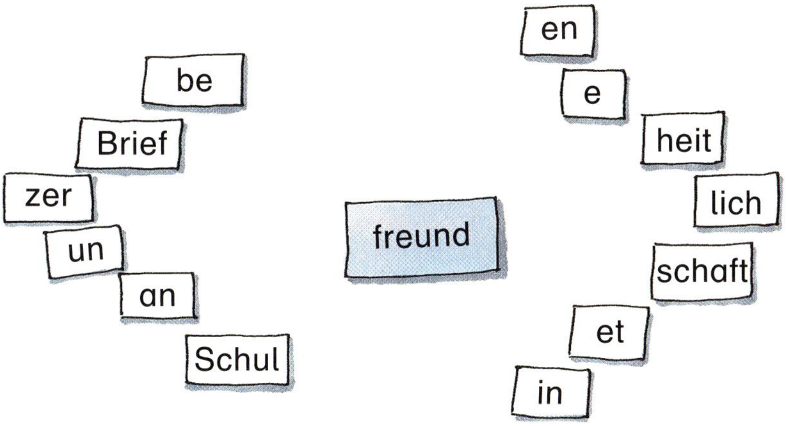

3 — Bilde Wörter zu der Wortfamilie *freund* und schreibe sie auf:
befreundet, … Seite 115
Achtung: Zwei Wortbausteine kannst du nicht verwenden!

# Steckbriefe

**Name:** Johannes König
**Spitzname:** Hannes
**Haarfarbe:** blond
**Augenfarbe:** blau
**Größe:** 1,32 m
**Das mag er:** lesen, Fußball spielen
**Das mag er nicht:** Regenwetter, krank sein
**Das kann er besonders gut:** Nudeln kochen, anderen Kindern in Mathe helfen

1 — Schreibe einen Steckbrief über deinen besten Freund oder deine beste Freundin. Seite 94

**Name:**
**Spitzname:**
**Haarfarbe:** braun
**Augenfarbe:** grün
**Größe:** 1,37 m
**Das mag ich:** Musik hören, Ski fahren, Computer spielen
**Das mag ich nicht:** Spinat, früh aufstehen
**Das kann ich besonders gut:** Streethockey spielen, leckere Schulbrote machen

2 — Schreibe einen Steckbrief über dich. Lass deinen Namen weg. Hängt die Steckbriefe auf. Wer ist gemeint?

# Freunde

**Meine Freundin Carina**

Carina und ich fuhren einen kleinen Hügel hinunter.
Doch auf einmal war da ein fest gefrorener Maulwurfshügel, und ich überschlug mich. Da kam Carina angefahren und hat mir wieder auf die Beine geholfen.
Dann sind wir noch zweimal den kleinen Hügel hinuntergefahren und dann sind wir nach Hause gegangen.

(Leon, 8 Jahre)

**Mein Freund und ich**

Mein Freund Anton ist lieb, und ich mag ihn gern.
Wir gehen zusammen in die Schule. Wir gehen zusammen ins Schwimmbad, und wir fahren zusammen Fahrrad.
Wir gehen zusammen spazieren mit meinem Hund.
Und wir feiern immer zusammen.
Wir werden ein tolles Team.

(Caroline, 8 Jahre)

1 — Was magst du besonders gern an deinem besten Freund oder deiner besten Freundin?

2 — Was macht ihr zusammen? Schreibe es auf. Seite 90

3 — Überarbeite deine Geschichte. Seite 96, 97, 98

# Auf dem Schulhof

1 — Was passiert auf dem Schulhof?

2 — Spielt die Situationen nach.

3 — Mit welchen Sätzen wehren sich die Kinder?
Woran kannst du erkennen, dass sie es ernst meinen?

4 — Kennst du noch weitere Sätze, mit denen man sich wehren kann?

5 — Wie macht man beim Schreiben deutlich, dass etwas besonders betont wird? Seite 102

Nach Ausrufen, Befehls- oder Aufforderungssätzen steht oft ein **Ausrufezeichen** (!).

# Du bist da und ich bin hier

Du bist da
und ich bin hier.
Du bist Pflanze,
ich bin Tier.
Du bist Riese,
ich bin Zwerg.
Du bist Tal
und ich bin Berg.
Du bist leicht
und ich bin schwer.
Du bist voll
und ich bin leer.
Du bist heiß
und ich bin kalt.
Du bist jung
und ich bin alt.
Du bist sie
und ich bin er.
Du bist Land
und ich bin Meer.
Du bist dunkel,
ich bin hell.
Du bist langsam,
ich bin schnell.
Du bist schmal
und ich bin breit.
Du bist Anzug,
ich bin Kleid.
Du bist einsam,
ich allein.
Komm, wir wollen
Freunde sein!

*Frantz Wittkamp*

1 — Lies das Gedicht einem anderen Kind laut vor.

2 — Findet die Gegensatzpaare: da – hier, Pflanze – Tier, ...

3 — Welche Gegensatzpaare sind Adjektive? Schreibe sie heraus:
leicht – schwer, ...

4 — Lernt das Gedicht auswendig. Seite 83

5 — Schreibt einen Text mit Gegensatzpaaren.
Er muss sich nicht reimen. Seite 113

# Entspannen

Wenn du dich entspannen möchtest, probiere einmal diese beiden Übungen aus.

Setze dich ganz bequem hin. Beide Füße sind fest auf dem Boden. Deine Hände liegen ganz locker auf den Oberschenkeln. Atme ganz tief ein, sodass sich dein Oberkörper und dein Bauch bewegen. Stell dir vor, du bist ein Luftballon, der ganz fest aufgeblasen ist. Dann atmest du ganz langsam wieder aus, bis keine Luft mehr in dir ist. Wiederhole die Übung.

Stelle dich aufrecht hin. Die Füße sind etwa schulterbreit auseinander. Deine Arme hängen locker herunter. Beim Einatmen breitest du die Arme aus wie ein Vogel und führst sie über dem Kopf zusammen. Dort berühren sich deine Finger. Senke beim Ausatmen die Arme langsam nach unten.

1 — Lies einem anderen Kind den Text so vor, dass es die Übungen dabei machen kann.

2 — Wann können dir solche Übungen in der Schule oder zu Hause helfen?

## Dein Schreibtraining

Lisa mag Tom. Sie sind gute Freunde.
Am liebsten spielen sie mit Toms neuem Auto.
Es saust durch den Garten.

Jakobs Papa ist vor drei Wochen weggezogen.
Jakob ist deswegen oft traurig. Er hat aber viele Freunde.
Auf dem Spielplatz machen sie immer lustige Sachen.

Anna ist anders als Lena. Anna ist groß und mutig.
Lena ist klein und lustig. Sie sind Freundinnen.
Wenn Anna traurig ist, tröstet Lena sie.
Wenn Lena ängstlich ist, hilft ihr Anna.

alt ängstlich breit dick dünn glücklich
groß jung klein lustig mutig schmal
schwach stark traurig unglücklich

1 — Bilde mit den Adjektiven aus dem Kasten Gegensatzpaare:
alt – jung, … Seite 113

2 — Suche vier Wörter aus und finde immer ein verwandtes Wort dazu:
ängstlich – Angst, … Seite 115

Schreibtraining und Modellwörter für Adjektive
(Aufgabenstellung wie auf Seite 80)
Wortfamilien und Gegensatzpaare

## Margit fährt einkaufen

„Fährst du für mich einkaufen?“, fragt Margits Mutter. „Gerne“, freut sich Margit. Es ist das erste Mal, dass sie allein in den Supermarkt fahren darf.

Am Straßenübergang warten alle, bis die Fußgängerampel auf Grün schaltet. Margit rollt über die Gehsteigkante und überquert, so schnell sie kann, die Straße. Plötzlich steht sie jedoch vor einer hohen Gehsteigkante und kommt nicht hinauf. Hilflos blickt sie sich um. Keiner achtet auf sie.

Da steht plötzlich der Junge vor ihr. „Hallo, ich bin Sigi“, stellt er sich vor. „Kann ich dir helfen?“ „Und ich heiße Margit“, lächelt sie erleichtert. „Steig bitte hinten auf das Pedal“, beginnt sie ihm zu erklären. Nach ihren Anweisungen kippt Sigi den Rollstuhl hoch und bringt so die Vorderräder auf die Stufe. Dann hebt er die Hinterräder über die Kante. Nun kann Margit weiterfahren. „Danke!“, ruft sie Sigi nach.

*Franz-Joseph Huainigg*

1 — Welches Kind auf dem Bild ist Margit?

2 — Warum braucht Margit Hilfe?

3 — Warum kann Sigi Margit gut helfen?

# Anders als du

*T + M: Robert Metcalf*

***Robert Metcalf** macht Lieder für Kinder. Er tritt auch in Konzerten und im Kinderfernsehen auf. Er lebt seit über 30 Jahren in Berlin.*

1 — Setzt für die Farben andere Adjektive, Zahlen oder Buchstaben ein. Ihr könnt auch klatschen, stampfen, schnipsen oder andere Geräusche machen.

## Herbst

Das Feld ist leer
und regenschwer,
die Erde nass.
Sag, wann ist das?

**Oktober**

Es kommt eine Zeit
da fragen wir uns
Was soll denn nur werden

Die Luft schmeckt
so bitter

Die Vögel sind
über alle Berge

Der Nebel macht
die Häuser bleich

Die kleinen Tiere gehen
unter der Erde spazieren

Aufs Dach trommeln
Kastanien

Wir müssen ins Haus zurück
da hält uns der Regen gefangen

*Elisabeth Borchers*

1 — Welche Wörter im Gedicht passen besonders gut zu dem Bild?

2 — Lies das Gedicht so vor, dass es zum Bild passt.



Über die Jahreszeit *Herbst* sprechen
Gedichte sinngestaltend vortragen
Text-Bild-Beziehungen herstellen

*T + M: Ulrike und Bernd Meyerholz*

Wir denken nicht daran,

uns einen Schirm zu kaufen.

Wir haben Spaß daran,

im Regen rumzulaufen.

nd wir eben schnass,

sind wir eben patschnass.

1 — Singt das Lied und bewegt euch dazu.

2 — Was macht ihr bei Regenwetter?

3 — Vergleicht das Lied mit dem Gedicht.

Herbstlied singen und sich dazu bewegen
Von eigenen Erfahrungen berichten
Texte vergleichen

# Herbstwetter

A

1. Nebel besteht aus winzigen Wassertröpfchen. Er ist wie eine Wolke am Boden. Wenn es wärmer wird, löst er sich auf.

B

2. Wenn es im Herbst kälter wird, gefrieren manchmal die Tautropfen. Sie sehen dann aus wie nadelförmige Eiskristalle. Das nennt man Reif.

C

3. Die Wolken bestehen aus vielen Wassertröpfchen. Wenn aus den kleinen Wassertropfen große werden, fallen sie als Regen auf die Erde.

D

4. Wind ist bewegte Luft. Im Herbst bewegt sich die Luft oft sehr schnell. Dann ist der Wind sehr stark. Manchmal entsteht ein Sturm oder sogar ein gefährlicher Orkan.

1 — Welches Bild passt zu welchem Text?

# Was der Wind so alles anrichtet

Hokusai ist ein berühmter japanischer Künstler.
Von ihm stammt das Bild auf dieser Seite.

Hokusai erzählt am liebsten davon,
was der Wind so alles anrichtet:

Einmal wurde der Wind immer stärker und
alle Menschen mussten ihre Hüte festhalten.
Einer jungen Frau wehte plötzlich ihr Kimono ins Gesicht,
sodass sie vor Schreck alle Papiere losließ.
Das war ein lustiger Anblick,
als die Papiere so hoch in der Luft tanzten!

1 — Was macht der Wind? Was findet der Künstler lustig?

2 — Woran erkennst du, dass das Bild nicht aus Deutschland kommt?

3 — Male oder schreibe eine lustige Geschichte vom Wind. Seite 86, 87

# Winter

## Der Winter

Die Pelzkappe voll mit schneeigen Tupfen,
behäng ich die Bäume mit hellem Kristall.

Ich bringe die Weihnacht und bringe den Schnupfen,
Silvester und Halsweh und Karneval.

Ich komme mit Schlitten aus Nord und aus Ost.
Gestatten Sie: Winter. Mit Vornamen: Frost.

*Mascha Kaléko*

1 — Lies das Gedicht. Schreibe die Wörter auf, die zum Winter gehören. Unterstreiche die Feste.

2 — Lerne das Gedicht auswendig. Seite 83

3 — Schreibe die zwölf Monatsnamen in der richtigen Reihenfolge auf. Schaue auch bei Frühling, Sommer und Herbst nach. Beginne mit dem Januar.

## 21. Dezember

### Der gutmütige Schneemann

In einem verschneiten Garten stand ein wunderschöner Schneemann. Er hatte zwei Augen aus Kohle und eine lange Karottennase. Auf dem Kopf trug er einen schwarzen Zylinderhut.

Da kam ein Spatz geflogen und zwitscherte: „Bitte lass mich unter deinen Hut, mir ist so kalt!“ „Komm nur!“, sagte der Schneemann. Und der Vogel flog unter seinen Hut.

Bald darauf hoppelte ein Hase heran und bat: „Bitte gib mir deine Karotte, ich hab solchen Hunger!“ „Nimm sie nur!“, sagte der Schneemann. Und der Hase nahm die Karotte und fraß sie.

Aber am nächsten Tag …

1 — Lest die Geschichte mit verteilten Rollen.
Welche Rollen braucht ihr?

2 — Wie könnte die Geschichte weitergehen? Schreibe es auf.
Seite 92

3 — Spielt die ganze Geschichte vor.

Eine Geschichte szenisch darstellen
Eine Geschichte weiterschreiben

# Christbaumschmuck

Und nun kommt das Allerbeste!
Denn zum lieben Weihnachtsfeste
muss bei all den andern Gaben
auch der Christbaum etwas haben.

Schönster Schmuck soll ihn umschweben –
kommt, wir wollen Tüten kleben!
„Tü - ten???!“ Ja, aus Buntpapier
wie auf diesem Bilde hier.

Darauf pappen wir dann gerne
runde Monde, Weihnachtssterne,
schön aus Goldpapier geschnitten,
aber sauber, darf ich bitten!

All die Tüten füll'n wir dann
fein mit Süßigkeiten an,
und schon hängt mit Ruck und Zuck
hoch im Grün der Christbaumschmuck.

Schaukelt lustig hin und her!
„Ach – wenn's doch schon Weihnacht wär!“

*Adolf Holst*

1 — Lies das Gedicht.

2 — Achte auf die Fragezeichen und Ausrufezeichen.
Wie musst du lesen?

3 — Bastle selbst solchen Christbaumschmuck.

# Rezept für 8 Lebkuchenmänner

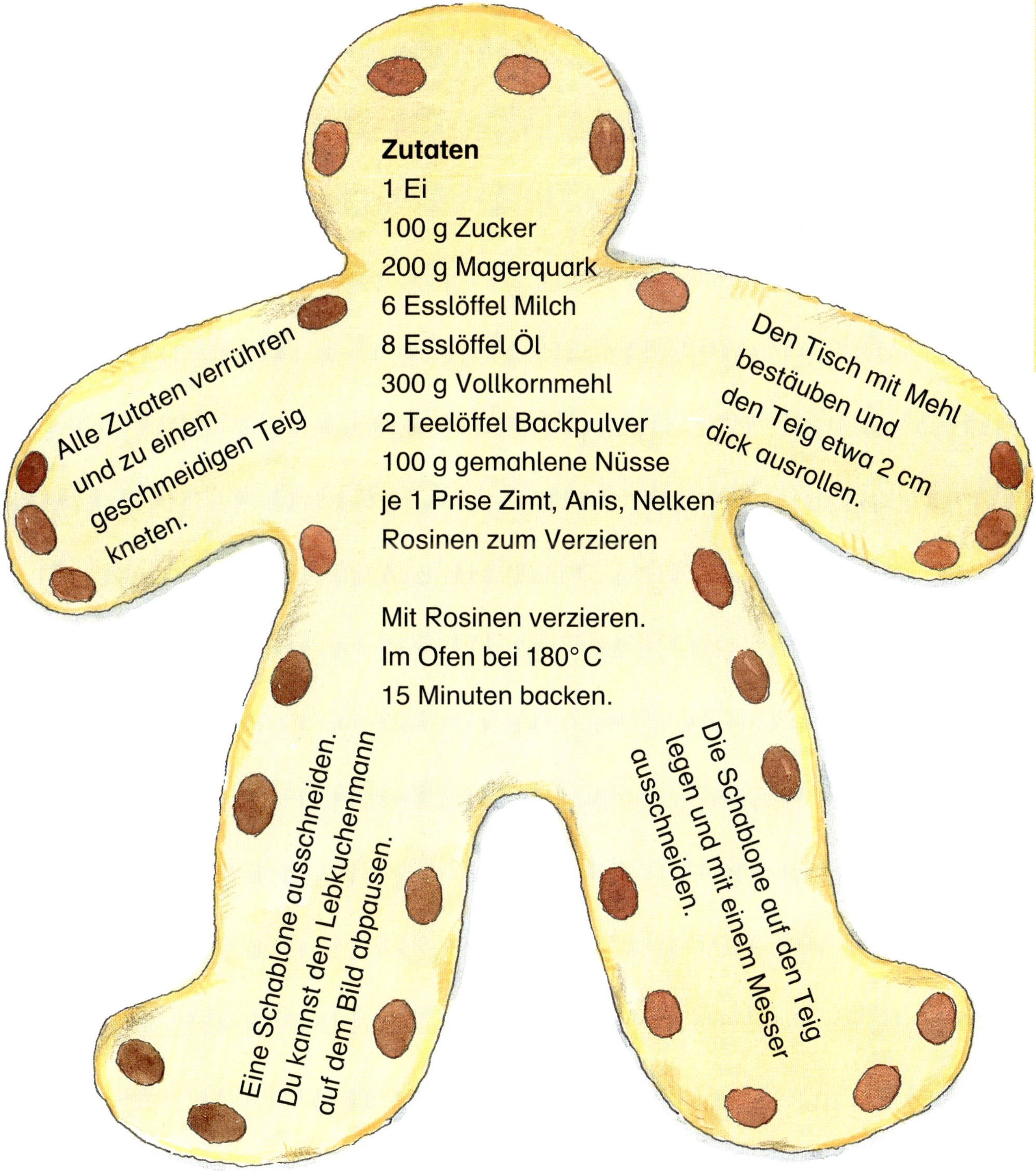


1 — In welcher Reihenfolge musst du die Arbeitsschritte erledigen?

2 — Schreibe das Rezept richtig auf. Beginne mit den Zutaten.

# Frühling

**Frühling**

Die Amsel singt
und dein Gummiball springt.
Die Sonne flirrt
und dein Springseil schwirrt.
Der Apfelbaum blüht
und dein Rollschuh zieht
eine schnurgerade Bahn.
Und ein alter Mann
spazieren geht…
und dein Kreisel dreht sich rundherum.
Und du weißt nicht, warum
du so fröhlich bist?
Weil Frühling ist!

*Ilse Kleberger*

1 — Welche Zeilen gehören zusammen? Wo darfst du beim Vorlesen am Ende der Zeile keine Pause machen?

2 — Was machst du im Frühling am liebsten? Male dazu ein Frühlingsbild.

T + M: Rolf Zuckowski

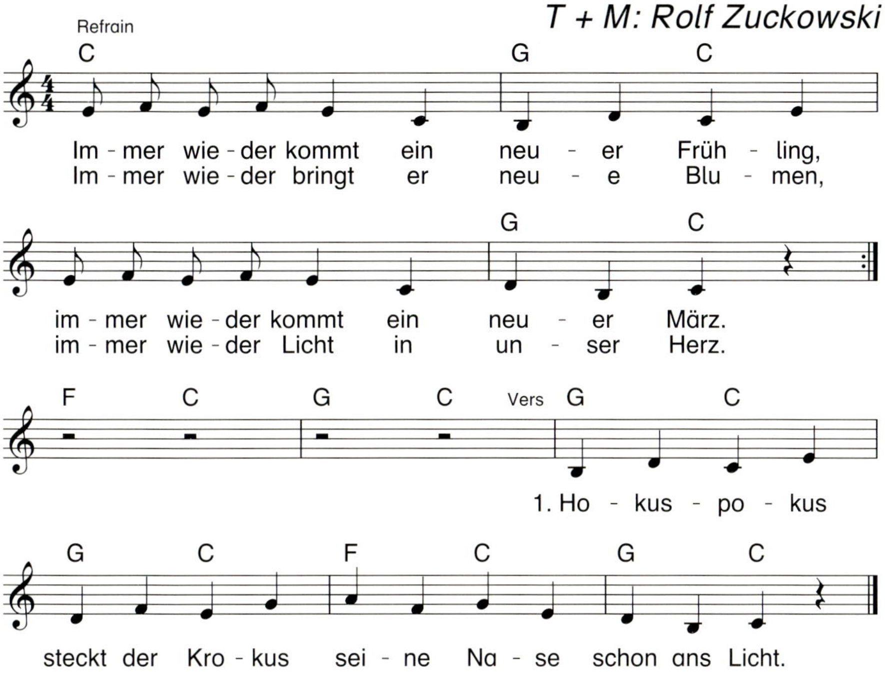

2. Auch das Häschen
steckt sein Näschen
frech heraus aus seinem Bau.

3. Still und leise
hat die Meise
sich ein neues Nest gebaut.

4. Auch die Schlange
freut sich lange
schon auf ihre neue Haut.

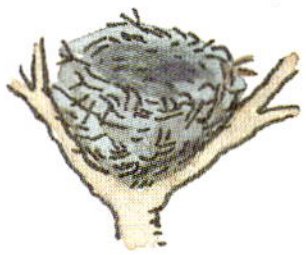

5. Und die Sonne
strahlt voll Wonne,
denn der Winter ist vorbei.

# Çocuk Bayramı

Çocuk Bayramı (sprich: tschodschuk beirame) heißt *Kinderfest.* Es wird in der Türkei gefeiert und war der erste Kinderfeiertag der Welt. Çocuk Bayramı findet jedes Jahr am 23. April statt.

An diesem Kinderfeiertag gehen die Schülerinnen und Schüler in farbigen Trachten durch die Straßen. Am Nachmittag gibt es Kinderspiele wie Sackhüpfen oder einen Jogurtwettbewerb, bei dem die Kinder Jogurt mit verbundenen Augen auslöffeln.

Und noch etwas Besonderes passiert an diesem Tag: Die Kinder dürfen in der Schule Rektor oder Rektorin sein. Oder sie spielen Lehrerin oder Lehrer.

1 — Erkundige dich bei türkischen Mitschülerinnen und Mitschülern, ob sie Çocuk Bayramı zu Hause feiern. Wie feiern sie?

2 — Wie stellst du dir einen Kindertag vor?

# Ostern

Ostern ist ein christliches Fest im Frühling. Es dauert zwei Tage. In der Kirche wird die Osterkerze entzündet. Ostereier zu färben, ist ein alter Brauch. Die Eier sind Zeichen für neues Leben. Oft soll auch ein Osterfeuer zeigen, dass das Alte vergangen ist.

**Eine Osterkarte basteln**

Man braucht: Fotokarton in der Größe einer Postkarte
grünes Krepppapier
Zeichenpapier und bunte Stifte
Klebestift und Schere

1. Drei Streifen Krepppapier abschneiden, etwa 3 cm breit und 15 cm lang.

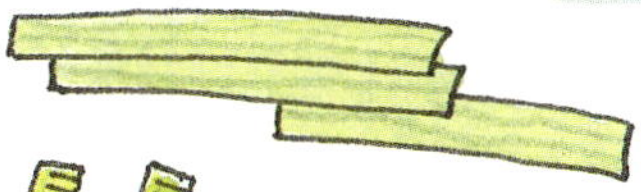

2. In diese Streifen Fransen schneiden.

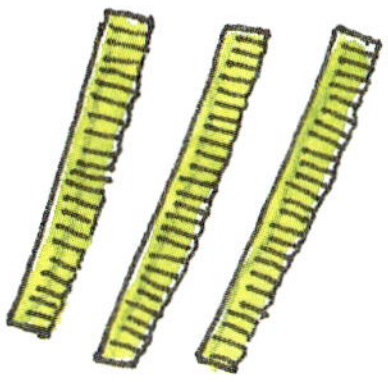

3. Die Streifen untereinander festkleben, so wie du es auf dem Bild siehst.

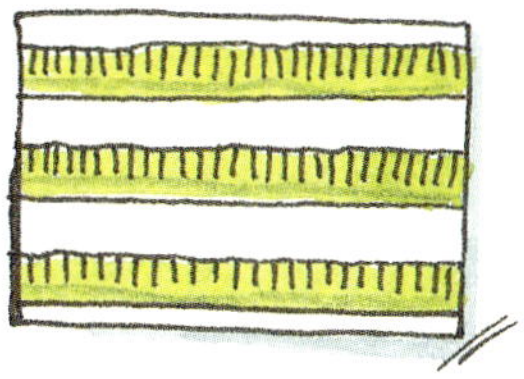

4. Einige Ostereier malen und ausschneiden.

5. Die Ostereier hinter die Fransen kleben.

1 — Bastle die Osterkarte.

2 — Du kannst auch noch Ostergrüße auf die Karte schreiben.

## Sommer

Die Sonne glüht,
die Linde blüht,
das Korn wird voll.
Wann ist das wohl ?

### Blumenlied

Löwenzahn, sag an, an, an,
ob dein Zahn auch beißen kann.

Fingerhut, ach je, je, je,
reichst der Biene bis zur Zeh.

Glockenblume, kling, kling, kling,
Glöckner ist der Schmetterling.

Mohn im Korn so rot, rot, rot,
kostbar ist das liebe Brot.

Butterblume, muh, muh, muh,
morgen kommt die schwarze Kuh.

*Reiner Kunze*

1 — Was ist das Besondere an den Reimen?

2 — Erfindet eigene Strophen mit anderen Blumen. Seite 91

3 — Denkt euch eine passende Melodie aus und nehmt euer Lied auf. Ihr könnt auch die Melodie von einem anderen Kinderlied verwenden.

M: Opus/E. Pfleger, T: B. Küntzel

# Wasserspiele für heiße Tage

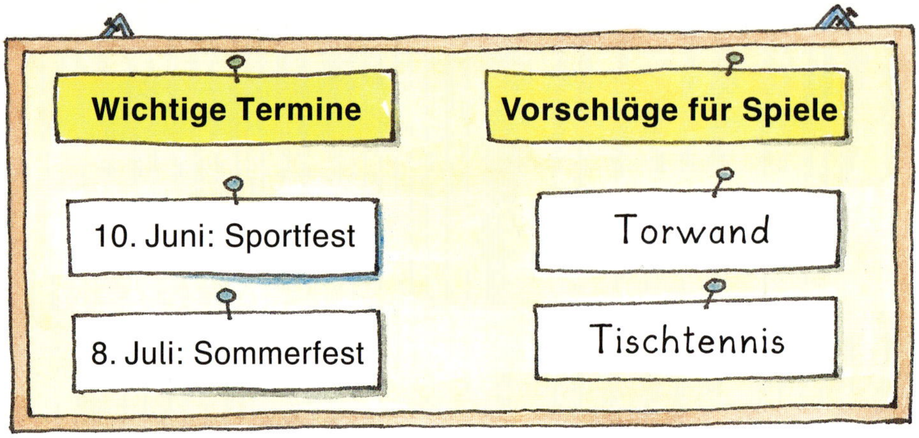

**Wasserballon-Slalom**

Ihr steckt euch ein Spielfeld ab.
Dort verteilt ihr viele Luftballons,
die mit Wasser gefüllt sind.
Nun bildet ihr Paare.
Ein Kind verbindet die Augen,
das andere führt es vorsichtig
zwischen den Wasserballons hindurch.
Natürlich zieht ihr Schuhe und Strümpfe aus,
denn manche Füße werden nass.

**Schwamm-Staffel**

Es werden zwei Mannschaften gebildet.
Vor jeder Mannschaft steht ein Eimer
voller Wasser. Im Abstand von 15 Metern
steht ein leerer Eimer.
Die Spieler müssen jetzt versuchen,
mit einem Schwamm das Wasser
zu transportieren. Wer hat am Ende
den höchsten Wasserstand?

1 — Sammelt weitere Spielideen.

# Feriengeschichten

Der Franz hat viermal im Jahr Ferien.
Einmal zu Weihnachten,
einmal im Winter nach
dem Zeugnis, einmal zu Ostern.
Und einmal im Sommer.
Nie kann er sich entscheiden,
welche Ferien er am liebsten mag.

Einmal denkt er:
die Weihnachtsferien!
Weil die mit Christbaum
und Geschenken anfangen.

Einmal denkt er: die Sommerferien!
Weil die am längsten dauern.

Einmal denkt er: die Zeugnisferien!
Weil es da schneit und weil ich
dann Schi laufen kann.

Einmal denkt er: die Osterferien!
Weil ich da mit der Oma zum Kugler-Bauern fahre.

Eigentlich ist es so: Die Ferien,
die als nächste dran sind,
mag der Franz am liebsten!

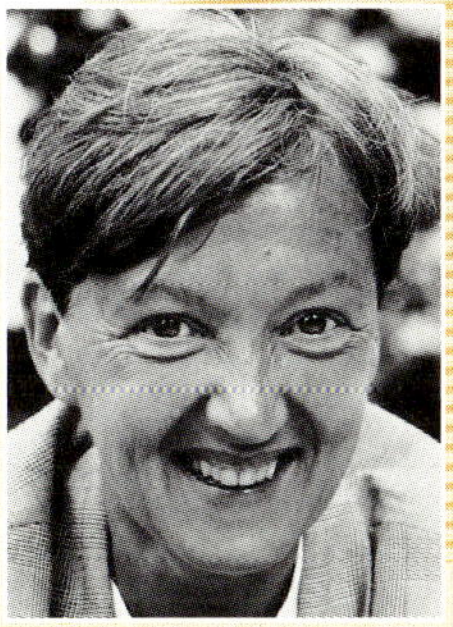

***Christine Nöstlinger***
*wurde in Wien geboren. Sie hat zwei Töchter. Christine Nöstlinger schreibt gern Geschichten, über die Kinder lachen können. Über den Franz gibt es viele Geschichten, z. B. Schulgeschichten, Fußballgeschichten, Krankengeschichten und Feriengeschichten.*

1 — Welche Ferien kennt Franz? Welche Ferien kennt ihr?

2 — Warum kann Franz sich nicht entscheiden, welche Ferien er am liebsten mag?

3 — Welche Ferien magst du am liebsten? Warum?

## A

**ab**
**abends**
**aber**
der **Affe**, die Affen
**alle**
**allein**
**als**
die **Ampel**, die Ampeln
**an**
die **Angst**, die Ängste
**ängstlich**, ängstlicher, am ängstlichsten
**antworten**, du antwortest, sie antwortet
der **Apfel**, die Äpfel
der **April**
**arbeiten**, du arbeitest, er arbeitet
der **Arm**, die Arme
der **Ast**, die Äste
**auch**
**aufschreiben**, du schreibst auf, sie schreibt auf
das **Auge**, die Augen
der **August**
das **Auto**, die Autos
der **Autor**, die Autoren
die **Autorin**, die Autorinnen

## B

das **Baby**, die Babys
**backen**, du backst *oder* du bäckst, sie backt *oder* sie bäckt
die **Bahn**, die Bahnen
der **Ball**, die Bälle
die **Banane**, die Bananen
die **Bank**, die Bänke
**basteln**, du bastelst, er bastelt
**bauen**, du baust, sie baut
der **Bauer**, die Bauern
der **Baum**, die Bäume
das **Beet**, die Beete
das **Bein**, die Beine
**bekommen**, du bekommst, er bekommt
der **Berg**, die Berge
der **Beruf**, die Berufe
das **Bett**, die Betten
die **Beule**, die Beulen
die **Beute**
der **Beutel**, die Beutel
**bewachen**, du bewachst, sie bewacht
sich **bewegen**, du bewegst dich, er bewegt sich
die **Biene**, die Bienen
das **Bild**, die Bilder
die **Birke**, die Birken

die **Birne**, die Birnen
**bis**
**bleiben**, du bleibst, sie bleibt
der **Bleistift**, die Bleistifte
**blind**
die **Blume**, die Blumen
das **Bonbon**, die Bonbons
das **Boot**, die Boote
**böse**, böser, am bösesten
**brauchen**, du brauchst, er braucht
**breit**, breiter, am breitesten
das **Brett**, die Bretter
der **Brief**, die Briefe
die **Brille**, die Brillen
**bringen**, du bringst, sie bringt
das **Brot**, die Brote
der **Bruder**, die Brüder
das **Buch**, die Bücher
die **Bücherei**, die Büchereien
der **Buchstabe**, die Buchstaben
**bunt**, bunter, am buntesten
die **Bürste**, die Bürsten
der **Bus**, die Busse
die **Butter**

## C

der **Chinese**, die Chinesen
der **Clown**, die Clowns
der **Computer**, die Computer
der **Cowboy**, die Cowboys

## D

der **Dackel**, die Dackel
**danken**, du dankst, sie dankt
**dann**
**das**
der **Deckel**, die Deckel
der **Degen**, die Degen
**dein, deine**
**denken**, du denkst, er denkt
**denn**
**der**
**deshalb**
**deutlich**, deutlicher, am deutlichsten
**deutsch**
der **Dezember**
**dick**, dicker, am dicksten
**die**
der **Dieb**, die Diebe
der **Dienstag**, die Dienstage
**diese, dieser, dieses**
**dir**
der **Donnerstag**, die Donnerstage
die **Dose**, die Dosen
der **Drachen**, die Drachen
**draußen**
**dunkel**, dunkler, am dunkelsten
**durch**
**dürfen**, du darfst, er darf

# E

die **Ecke,** die Ecken
**eckig**
das **Ei,** die Eier
der **Eimer,** die Eimer
**ein, eine**
**einfach,** einfacher, am einfachsten
**einkaufen,** du kaufst ein, er kauft ein
**einladen,** du lädst ein, sie lädt ein
**einmal**
**eins**
das **Ende,** die Enden
die **Ente,** die Enten
**er**
die **Erde**
**ernst,** ernster, am ernstesten
**erst**
**erzählen,** du erzählst, er erzählt
**es**
**essen,** du isst, sie isst
**etwas**
**euch**
**euer, eure**
die **Eule,** die Eulen
**Europa**

# F

die **Fabrik,** die Fabriken
**fahren,** du fährst, sie fährt
**fallen,** du fällst, er fällt
**falsch**
die **Familie,** die Familien
die **Fantasie,** die Fantasien
die **Farbe,** die Farben
die **Faust,** die Fäuste
der **Februar**
die **Feder,** die Federn
**fehlen,** du fehlst, sie fehlt
der **Fehler,** die Fehler
**feiern,** du feierst, er feiert
das **Fenster,** die Fenster
die **Ferien**
**fertig**
das **Fest,** die Feste
**fest,** fester, am festesten
das **Feuer,** die Feuer
der **Film,** die Filme
**finden,** du findest, er findet
der **Finger,** die Finger
der **Fisch,** die Fische
**fliegen,** du fliegst, sie fliegt
das **Flugzeug,** die Flugzeuge
das **Foto,** die Fotos
**fragen,** du fragst, er fragt
die **Frau,** die Frauen
**frei,** freier, am freiesten
der **Freitag,** die Freitage

fressen, du frisst, sie frisst
die **Freude**, die Freuden
sich **freuen**, du freust dich, er freut sich
der **Freund**, die Freunde
die **Freundin**, die Freundinnen
**froh**, froher, am frohsten
**fröhlich**, fröhlicher, am fröhlichsten
der **Frühling**, die Frühlinge
das **Frühstück**, die Frühstücke
der **Füller**, die Füller
**für**
der **Fuß**, die Füße

## G

die **Gans**, die Gänse
**ganz**
der **Garten**, die Gärten
der **Gärtner**, die Gärtner
**geben**, du gibst, sie gibt
der **Geburtstag**, die Geburtstage
**gefährlich**, gefährlicher, am gefährlichsten
das **Gefühl**, die Gefühle
**gehen**, du gehst, er geht
der **Geist**, die Geister
**gelb**
das **Geld**, die Gelder
das **Gespenst**, die Gespenster
**gestern**
das **Gewächs**, die Gewächse
**gießen**, du gießt, sie gießt
die **Giraffe**, die Giraffen
das **Glas**, die Gläser
**gleiten**, du gleitest, er gleitet
**glücklich**, glücklicher, am glücklichsten
die **Glühbirne**, die Glühbirnen
der **Grießbrei**, die Grießbreie
**groß**, größer, am größten
**gucken**, du guckst, er guckt
**gut**, besser, am besten

## H

das **Haar**, die Haare
**haben**, du hast, sie hat
der **Hahn**, die Hähne
**halten**, du hältst, er hält
die **Hand**, die Hände
**hängen**, du hängst, es hängt
das **Haus**, die Häuser
das **Heft**, die Hefte
**heiß**, heißer, am heißesten
**helfen**, du hilfst, er hilft
**hell**, heller, am hellsten
der **Herbst**, die Herbste
das **Herz**, die Herzen
das **Heu**
**heulen**, du heulst, er heult
**heute**
die **Hexe**, die Hexen
**hier**
die **Himbeere**, die Himbeeren

der **Himmel**
**hinter**
**hoch,** höher, am höchsten
der **Hof,** die Höfe
**holen,** du holst, sie holt
der **Honig,** die Honige
**hören,** du hörst, er hört
der **Hund,** die Hunde
**hupen,** du hupst, es hupt
der **Hut,** die Hüte

## I

**ich**
der **Igel,** die Igel
**ihm, ihn, ihr**
**im**
**immer**
die **Insel,** die Inseln

## J

**ja**
das **Jahr,** die Jahre
der **Januar**
die **Jeans,** die Jeans
**jede, jeder**
**jemand**
**jetzt**
der **Juli**
der **Junge,** die Jungen
der **Juni**

## K

der **Käfer,** die Käfer
der **Kalender,** die Kalender
**kalt,** kälter, am kältesten
das **Kamel,** die Kamele
das **Känguru,** die Kängurus
die **Kanne,** die Kannen
**kaputt,** kaputter, am kaputtesten
die **Karte,** die Karten
die **Kartei,** die Karteien
der **Kasten,** die Kästen
die **Katze,** die Katzen
**kaufen,** du kaufst, sie kauft
der **Kegel,** die Kegel
**kein, keine, keiner**
der **Keks,** die Kekse
**kennen,** du kennst, er kennt
die **Kerze,** die Kerzen
das **Kind,** die Kinder
das **Kissen,** die Kissen
die **Kiste,** die Kisten
die **Klasse,** die Klassen
**kleben,** du klebst, sie klebt
das **Kleid,** die Kleider
**klein,** kleiner, am kleinsten
**klettern,** du kletterst, er klettert
**klug,** klüger, am klügsten
**kochen,** du kochst, sie kocht
das **Kompott,** die Kompotte

die **Königin,** die Königinnen
**können,** du kannst, er kann
der **Kopf,** die Köpfe
der **Korb,** die Körbe
**krank,** kränker, am kränksten
das **Kreuz,** die Kreuze
der **Kuchen,** die Kuchen
die **Kuh,** die Kühe
**kurz,** kürzer, am kürzesten

## L

**lachen,** du lachst, sie lacht
das **Lamm,** die Lämmer
das **Land,** die Länder
**lassen,** du lässt, er lässt
**laufen,** du läufst, sie läuft
der **Lehrer,** die Lehrer
die **Lehrerin,** die Lehrerinnen
**leise,** leiser, am leisesten
die **Leiter,** die Leitern
der **Leopard,** die Leoparden
**lernen,** du lernst, sie lernt
**lesen,** du liest, sie liest
**leuchten,** du leuchtest, es leuchtet
die **Leute**
das **Lexikon,** die Lexika *oder* die Lexiken
**lieb,** lieber, am liebsten
**lieben,** du liebst, er liebt
das **Lied,** die Lieder
die **Liege,** die Liegen
**liegen,** du liegst, sie liegt
das **Lineal,** die Lineale
**links**
das **Loch,** die Löcher
**lügen,** du lügst, er lügt
**lustig,** lustiger, am lustigsten

## M

**machen,** du machst, er macht
das **Mädchen,** die Mädchen
der **Mai**
**man**
**manchmal**
der **Mann,** die Männer
das **Märchen,** die Märchen
der **März**
die **Maus,** die Mäuse
**mehr, mehrere**
**mein, meine**
**meinen,** du meinst, sie meint
der **Mensch,** die Menschen
**mich**
die **Milch**
**mit**
der **Mittag,** die Mittage
der **Mittwoch,** die Mittwoche
**mögen,** du magst, er mag
der **Monat,** die Monate
der **Montag,** die Montage
**morgen**
der **Morgen,** die Morgen

der **Mund,** die Münder
**müssen,** du musst, sie muss
**mutig,** mutiger, am mutigsten
die **Mutter,** die Mütter
die **Mütze,** die Mützen

## N

der **Nachmittag,** die Nachmittage
die **Nadel,** die Nadeln
der **Nagel,** die Nägel
**nämlich**
das **Nest,** die Nester
**nett,** netter, am nettesten
**neu,** neuer, am neusten
**neun**
**nicht**
der **November**
die **Nummer,** die Nummern
**nur**
die **Nuss,** die Nüsse

## O

das **Obst**
**oder**
**oft**
**ohne**
das **Ohr,** die Ohren
der **Oktober**
der **Ordner,** die Ordner
das **Ostern**

## P

**parken,** du parkst,
sie parkt
die **Paste,** die Pasten
die **Pause,** die Pausen
der **Pfau,** die Pfauen
das **Pferd,** die Pferde
die **Pinnwand,** die Pinnwände
der **Pinsel,** die Pinsel
der **Platz,** die Plätze
**plötzlich**
der **Po,** die Pos
der **Pullover,** die Pullover
die **Pumpe,** die Pumpen

## Q

das **Quadrat,** die Quadrate
die **Qualle,** die Quallen
der **Qualm**
der **Quark**
das **Quartett,** die Quartette
**quatschen,** du quatschst,
er quatscht
**quellen,** du quillst
*oder* du quellst, es quillt
*oder* es quellt
**quengeln,** du quengelst,
sie quengelt
**quer**

## R

das **Rad,** die Räder
die **Rakete,** die Raketen
**rechts**
**reisen,** du reist, er reist
**rennen,** du rennst, sie rennt
**richtig,** richtiger, am richtigsten
der **Riese,** die Riesen
der **Ring,** die Ringe
die **Rose,** die Rosen
**rufen,** du rufst, er ruft
**rund**

## S

die **Sache,** die Sachen
der **Sack,** die Säcke
**sagen,** du sagst, sie sagt
der **Samstag,** die Samstage
der **Sand**
der **Satz,** die Sätze
das **Schaf,** die Schafe
die **Schaukel,** die Schaukeln
**schenken,** du schenkst, sie schenkt
die **Schere,** die Scheren
die **Scheune,** die Scheunen
das **Schiff,** die Schiffe
der **Schirm,** die Schirme
**schlafen,** du schläfst, er schläft
**schleudern,** du schleuderst, sie schleudert
der **Schnee**
**schnell,** schneller, am schnellsten
**schön,** schöner, am schönsten
**schreiben,** du schreibst, sie schreibt
der **Schuh,** die Schuhe
die **Schule,** die Schulen
die **Schultüte,** die Schultüten
**schwach,** schwächer, am schwächsten
**schweigen,** du schweigst, er schweigt
**schwer,** schwerer, am schwersten
die **Schwester,** die Schwestern
**schwierig,** schwieriger, am schwierigsten
der **See,** die Seen
das **Segel,** die Segel
**sehen,** du siehst, er sieht
**sehr**
das **Seil,** die Seile
**sein,** du bist, sie ist
**sein, seine**
der **September**
**setzen,** du setzt, er setzt
der **Sieger,** die Sieger
**sollen,** du sollst, sie soll
der **Sommer,** die Sommer

der **Sonnabend**, die Sonnabende
die **Sonne**, die Sonnen
der **Sonntag**, die Sonntage
**spät**, später, am spätesten
**speisen**, du speist, er speist
der **Spiegel**, die Spiegel
das **Spiel**, die Spiele
**spielen**, du spielst, sie spielt
das **Spielzeug**, die Spielzeuge
**spitz**, spitzer, am spitzesten
der **Spitzer**, die Spitzer
**sprechen**, du sprichst, er spricht
**spucken**, du spuckst, es spuckt
die **Stadt**, die Städte
**stampfen**, du stampfst, es stampft
**stark**, stärker, am stärksten
**staunen**, du staunst, sie staunt
**stehen**, du stehst, er steht
der **Stein**, die Steine
**stellen**, du stellst, sie stellt
der **Stern**, die Sterne
**steuern**, du steuerst, er steuert
der **Stiefel**, die Stiefel
der **Stier**, die Stiere
der **Stift**, die Stifte
**still**, stiller, am stillsten
die **Straße**, die Straßen
der **Strauß**, die Sträuße
der **Strumpf**, die Strümpfe
der **Stuhl**, die Stühle
**stumm**, stummer, am stummsten
die **Stunde**, die Stunden
**suchen**, du suchst, sie sucht
die **Süßigkeit**, die Süßigkeiten

## T

der **Tag**, die Tage
die **Tasche**, die Taschen
die **Tasse**, die Tassen
der **Taucher**, die Taucher
der **Teddy**, die Teddys
**teuer**, teurer, am teuersten
**tief**, tiefer, am tiefsten
der **Tiger**, die Tiger
der **Tisch**, die Tische
der **Titel**, die Titel
**toben**, du tobst, sie tobt
die **Tochter**, die Töchter
der **Topf**, die Töpfe
**tragen**, du trägst, er trägt
**traurig**, trauriger, am traurigsten
**trinken**, du trinkst, sie trinkt
die **Tüte**, die Tüten

## U

die **Uhr**, die Uhren
der **Umschlag**, die Umschläge
**uns**

## V

die **Vase**, die Vasen
der **Vater**, die Väter
der **Verkehr**
**viel, viele**
der **Vogel**, die Vögel

## W

die **Waage**, die Waagen
der **Wagen**, die Wagen
der **Wald**, die Wälder
die **Wand**, die Wände
**wann**
das **Wasser**
das *oder* die **Weihnachten**
**weinen**, du weinst, er weint
**weiß**
**weit**, weiter, am weitesten
**wenn**
**werden**, du wirst, sie wird
die **Wespe**, die Wespen
**wie**
**wieder**
die **Wiege**, die Wiegen
die **Wiese**, die Wiesen
**wild**, wilder, am wildesten
der **Wind**, die Winde
der **Winter**, die Winter
**wissen**, du weißt, er weiß
die **Woche**, die Wochen
**wohnen**, du wohnst, sie wohnt
der **Wolf**, die Wölfe
**wollen**, du willst, sie will
das **Wort**, die Wörter
der **Wurm**, die Würmer
**wütend**, wütender,
am wütendsten

## X

das **Xylofon**, die Xylofone

## Y

der **Yak**, die Yaks

## Z

die **Zahl**, die Zahlen
der **Zahn**, die Zähne
der **Zaun**, die Zäune
**zehn**
**zeigen**, du zeigst, er zeigt
die **Ziege**, die Ziegen
**ziemlich**
der **Zug**, die Züge
**zum**
**zusammen**
die **Zwiebel**, die Zwiebeln

| | Mündlicher Sprachgebrauch | Textrezeption |
|---|---|---|
| **ABC** 4–11  | Alphabet üben 6, 8, 9; Gedicht auswendig lernen 9; Vorlieben formulieren 11 | Sich im Buch orientieren 5; Alphabet üben 9, 11 |
| **Schule** 12–25  | Sich über eigene Erfahrungen austauschen 13; Grußfloskeln (im sozialen Kontext anwenden) 16; Begrüßungsszenen spielen 16; Gedicht vortragen und pantomimisch darstellen 18; Klassenregeln vereinbaren 19 | Text-Bildkombinationen erlesen 13; Lesewirkung wahrnehmen 14; Text interpretieren 14; Rollenlesen üben 15; Fragen zum Text beantworten 15; Texte auf Informationsgehalt prüfen 17; Verhaltensweisen bewerten 19 |
| **Rund um den Hund** 26–39  | Zu Bildern erzählen 26; Informationen einholen 28; Deutlich artikuliertes Sprechen üben 29; Witze spielen und erzählen 36; Dialog spielen 39 | Über Hundesprache nachdenken 28; Sich mit Lexikontexten informieren 31; Konkrete Poesie kennen lernen 35; Witze sammeln 36; Einem Text Informationen entnehmen 39 |
| **Fantasien** 40–53  | Geschichte weitererzählen 40; Wünsche formulieren 43; Eigene Vorlieben begründen 45 | Einen Comic lesen 40; Sinngestaltend lesen 41; Unbekannte Ausdrücke klären 41; Fragen zum Text beantworten 43, 53; “Was-wäre-wenn-Geschichten” lesen 45 |
| **Mädchen und Jungen** 54–67  | Über Rollenerwartungen sprechen 55–57; Über Berufe sprechen 56; Eigene Einschätzungen diskutieren 59; Streitgespräche führen 60; Regeln beachten 60; Lied singen und chorisches Sprechen üben 67 | Fragen zum Text beantworten 54/55; Mit verteilten Rollen lesen 55; Fragen zum Text beantworten (Belegen) 59; Strophen zu einem Lied erfinden 67 |
| **Bücher, Bücher** 68–81  | Über Bücher sprechen, Bücher vorstellen 68; Eine Geschichte fortspinnen 71 | Sich in der Klassenbücherei orientieren, Gestaltung von Lesezeiten (Literaturempfehlung, Klassen-Leseliste, Lese-Pass, Buchvorstellung) 68/69; Fragen zum Text beantworten 71; Kriterien zur Buchauswahl kennen lernen 73; Buchausschnitte und Rückentexte Covern zuordnen 73; Leseverständnis prüfen: Multiple-Choice-Test 75; Internet zur Lesemotivation nutzen 75; überfliegendes Lesen 79 |

| Textproduktion | Sprache untersuchen | Rechtschreiben – Arbeitstechnik |
|---|---|---|
| Reimwörter ergänzen 8; Reime ergänzen 9; Eigene Texte schreiben 11 | Vokale und Konsonanten unterscheiden 6 | Ordnen nach dem Alphabet 7; Ordnen nach dem 2. Buchstaben 10; Wörter nachschlagen 8, 10; Listen anlegen 10 |
| Eigene Fähigkeiten reflektieren 15; Grußfloskeln aufschreiben 16; Kriterien für einen Steckbrief sammeln 17; Eigenen Steckbrief auf Einhaltung von Kriterien überprüfen 17; Gedichtstruktur erkennen und nachahmen 18; Inhalt eines Textes erfassen und die Handlung fortspinnen 25 | Nomen (vorbegriffliche Einführung) 13; Synonyme 13; verbale und nonverbale Begrüßung 16; Wörter in Silben zerlegen 18; Nomen erkennen und Artikel zuordnen, Nomen und Artikel nach Geschlecht sortieren 20; Nomen: Einzahl und Mehrzahl 21 | Abschreiben mit der Abdeckkarte 22; Wörter mit *-el*, *-er*, *-r-* und *-ch-* 22; Rechtschriftliche Schwierigkeiten erkennen 23; Aufschreiben üben 23; Schreibtraining: Abschreibtexte, Modellwörter mit -el, -er, -r- und -ch- 22 |
| Zu einem Bild schreiben 27; Zungenbrecher erfinden 29; Sachinformationen präsentieren 31; Bildergeschichte schreiben und den Schluss ergänzen 34; Schreibkonferenz anbahnen 34; Konkrete Poesie schreiben 35; Eigene Wünsche formulieren 39 | Verben (Einführung) 32; Personalformen von Verben bilden 32 | Wörter mit *D/T*, *B/P* und *G/K* im Anlaut 29; Korrekturkarte verwenden 34; Texte abschreiben und nach Diktat schreiben 37; Schreibtraining: Abschreibtexte, Modellwörter zu Verben und Wörtern mit *b/p*, *d/t*, *g/k* im Anlaut 37 |
| Wenn-ich-wäre-Geschichte erfinden 44; Eine Geschichte weiterschreiben 53 | Funktion von Komposita 46; Komposita bilden und verwenden 46; Komposita zusammensetzen 47; Komposita nachschlagen 47 | Vokallänge unterscheiden (Armprobe) und markieren 48/49; Konsonantenverdopplung 49; Wörter mit *Sp/sp*, Wörter mit *St/st* 50; Schreibtraining: Abschreibtexte, Modellwörter für *Sp/sp*, *St/st* und Doppelkonsonanz 51 |
| Verwürfelte Geschichte richtig stellen 62; Geschichten weitererzählen 63; Merkmale der Textsorte "Einladung" 66; Einladungen schreiben und gestalten 66 | Männliche und weibliche Berufsbezeichnungen (Endung *-in*) 56; Wortgrenzen erkennen 57; Großschreibung von Nomen 57; Satzgrenzen erkennen 61, 63; Aussagesatz (Interpunktion) 61 | Großschreibung am Satzanfang 61, 63; Auslautverhärtung bei Nomen und Adjektiven (Verlängerungsprobe) 64; Wörter nachschlagen 64; Auslautverhärtung bei Verben (Wir-Probe) 65; Schreibtraining: Abschreibtexte, Modellwörter für Auslautverhärtung 65 |
| Gedichtmuster erkennen und nach Muster schreiben 79; Faltbüchlein herstellen 81; Geschichte weiterschreiben 81; Eigene Geschichten schreiben 81 | Wortart Adjektive 76; Adjektive steigern 77 | Wörter mit *Qu/qu* 78; Wörter mit *-en* 78; Wörter mit *-er* 78; Wörter mit *au* 79; Wörter mit *ei* 79; Schreibtraining: Abschreibtexte, Modellwörter für *-er*, *-en*, *au*, *ei* und *Qu-/qu-* 80 |

| | **Mündlicher Sprachgebrauch** | **Textrezeption** |
|---|---|---|
| **Text-Ordner** 82–99 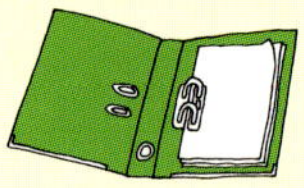 | Verhaltensweisen bewerten, Gesprächsregeln vereinbaren 82; Gedichte auswendig lernen 83; Interviews führen 84 | Stichworte finden und notieren 85 |
| **Sprach-Ordner** 100–115 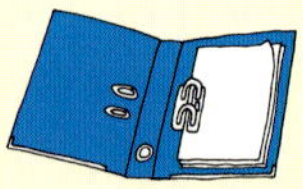 | | Sinngestaltend lesen 100; Sätze richtig zusammensetzen 101 |
| **Rechtschreib-Ordner** 116–135 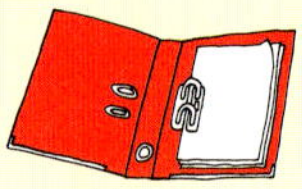 | Sprachspielerisch mit einem Gedicht umgehen 126 | Fehler in Texten finden 117 |

| Textproduktion | Sprache untersuchen | Rechtschreiben – Arbeitstechnik |
|---|---|---|
| **Textproduktion**: Gesprächsregeln festhalten 82; Interviews vorbereiten und Ergebnisse festhalten 84; Stichworte notieren, Erzählkarten schreiben 85; Geschichten planen (Cluster) 86; Geschichten schreiben (Text-Tipp-Karte) 87; Geschichten korrigieren 87; Fantasiegeschichten schreiben 88; Bildergeschichten schreiben 89; Erlebnisgeschichten schreiben 90; Texte auf die Einhaltung von Schreibkriterien prüfen 90, 92, 95; Gedichtmuster erkennen, nach Mustern schreiben 91; Geschichten fortsetzen 92; Briefe und Postkarten schreiben und adressieren 93; Steckbriefe schreiben 94; Einladungen schreiben 95; Texte überarbeiten: Schreibkonferenz, Korrekturzeichen 96; Satzglieder umstellen 97; Satzanfänge variieren 97; Sätze erweitern 98; Texte präsentieren 99 | | |
| Reime finden 108 | Satzgrenzen erkennen 100, 101; Punkte setzen 101; Satzarten unterscheiden 102; Frage- und Ausrufezeichen setzen 102; Nomen erkennen 103, 107; Nomen und Artikel 104; Nomen: Einzahl und Mehrzahl 105; Komposita zusammensetzen und zerlegen 106;<br>Verben erkennen 108; Personalformen von Verben; en-Endungen bei Verben 109; Verben mit vorangestellten Wortbausteinen 110;<br>Adjektive zuordnen und erkennen 111; Flexion von Adjektiven 111, 113; Adjektive steigern 112; Gegensatzpaare 113; Wörter zu Wortfeldern ordnen, Sammelnamen/Oberbegriffe finden 114; Wortbildung (Stammprinzip) 115; Wörter zu Wortfamilien ordnen 115 | Großschreibung am Satzanfang 100, 101, 107;<br>Großschreibung von Nomen 103, 104, 107;<br>Wörterliste: Komposita nachschlagen 106;<br>Verben nachschlagen 109 |
| | Vokale und Konsonanten 126;<br>lange und kurze Vokale unterscheiden (kontrastives Sprechen, Lang-Kurz-Probe) 127–131; Umlaute 132 | Abschreibregeln 116; Abdeckkarte 116; Richtig abschreiben üben 116; Korrekturkarte verwenden 117; Abschreibtechniken verwenden (Wende- und Schleichdiktat) 118; Abschreibtexte auswählen 119; Partnerdiktate 119; Trainingskarte verwenden 120; Wörter nachschlagen (auch nach dem 2. Buchstaben) 121, 122; Verben auf die Grundform zurückführen 122; Wörter trennen 123; Wörter nach Rechtschreibkategorien ordnen 124; Wörter mit *St/st* oder *Sp/sp* 125; Reimwörter finden 125, 128; Konsonantenverdopplung nach Kurzvokal 129, 130; Wörter mit *ie* (Stammtreue) 131; Wörter mit *ä* und Wörter mit *äu* (Stammableitung) 132; Auslautverhärtung bei Nomen, Verben und Adjektiven (Verlängerungsprobe) 133–135 |

| | Mündlicher Sprachgebrauch | Textrezeption |
|---|---|---|
| **Früher und heute** 136–147  | Historisch veränderte Lebensumstände erkennen und beschreiben 137, 145; Interview-Fragen vorbereiten und auswählen 141; Eigene Vorlieben nennen 143; Sachfragen stellen (Recherche) 143 | Tagespläne lesen 138; Fragen mit ähnlichem Inhalt erkennen 140; Fragen zum Text beantworten 143, 145; Klassische Literatur kennen lernen 145; Wortbedeutungen klären 145 |
| **Märchen** 148–161  | Vorlieben bei der Lektüre äußern 153; Erzählkarten als Erzählhilfe verwenden 155; Märchen spielen: Bühne und Figuren herstellen, Rollenverteilung, Sprachgestaltung, Puppenführung; Spiel bewerten und verbessern 160/161 | Unbekannte Begriffe finden und klären 149, 154; Fragen zum Text beantworten 149, 153, 154, 159; Märchen kennen lernen 149; Märchentitel und -sprüche zuordnen 150; Märchenkenntnis erweitern 150; Textmerkmale benennen/Textsorten unterscheiden 151; Texte szenisch umsetzen 153; Mit verteilten Rollen lesen 159; Anleitungstexte verstehen 160 |
| **Im Wald** 162–175  | Gedicht vortragen 162; Geschichten weitererzählen 165, 167; Wege beschreiben 174/175 | Binnenreim erkennen 162; Texte sinngestaltend vorlesen 163, 165; Fragen zum Text beantworten 163, 165, 168; Textstellen belegen 165; Mit verteilten Rollen lesen 165; Unsinnssätze erkennen 168; passende Verben einsetzen 170; Wegbeschreibungen verstehen 175 |
| **Ich und die anderen** 176–189  | Über Stresssituationen und Formen der Entspannung sprechen 179, 180; Situationen beschreiben und nachspielen 184; Kommunikation in Konfliktsituationen 184; Gedicht auswendig lernen 185; Entspannungsübungen kennen lernen 186; Lied singen und begleiten 189; Eigene Strophen erfinden 189 | Fragen zum Text beantworten 177, 179, 188; Gedicht sinngestaltend lesen (Wechselrede) 185; Anweisungstexte befolgen 186; Bild-Text-Beziehung herstellen 188 |
| **Jahreszeiten** 190–205  | Über Jahreszeiten sprechen 190, 194, 198, 202; Herbstlied singen und sich dazu bewegen 191; Von eigenen Erfahrungen berichten 191; Kunstwerk beschreiben und deuten 193; Gedichte vortragen 194; Geschichte szenisch darstellen 195; Vorlieben formulieren 198; Frühlingslied singen 199; Internationale Feste kennen lernen 200; Wünsche formulieren 200; Gedicht vertonen 202; Sommerlied singen 203; Spielideen sammeln 204; Eigene Vorlieben formulieren 205 | Gedichte sinngestaltend vortragen 190; Text-Bild-Beziehungen herstellen 190; Texte vergleichen 191; Sachtexte (Lexikon) passenden Bildern zuordnen 192; Gedicht sinngestaltend lesen 196; Bastelanleitung umsetzen 196; Anleitungstext (Rezept) in die richtige Reihenfolge bringen 197; Gedichte vortragen (Zeilensprung) 198; Anleitungstext umsetzen 201; Reimmuster beschreiben 202; Spielanleitungen umsetzen 204; Fragen zum Text beantworten 205 |

| Textproduktion | Sprache untersuchen | Rechtschreiben – Arbeitstechnik |
|---|---|---|
| Tagespläne aufschreiben 138; Briefe schreiben, adressatengerecht formulieren 139; Interview-Fragen notieren 141; Fragen zum Text beantworten 145; Zu einem Bild eine Fantasiegeschichte schreiben 147 | Zeitadverbien einer Bildfolge zuordnen 137; Fragewörter erkennen und sammeln 140; Ergänzungs- und Entscheidungsfragen unterscheiden 141 | Wörter mit *ie* 146; Vokallänge abhören 146; Schreibtraining: Abschreibtexte, Modellwörter mit *ie* 146 |
| Stichworte zum Text notieren 155; Einen Text fortsetzen 159 | Wortbausteine *-chen* und *-lein* (Verkleinerungsform) 156, 157; Umlaute 156 | Schreibtraining: Abschreibtexte, Modellwörter für Verkleinerungsformen (Umlaute) 157 |
| Nach Bildergeschichten schreiben (Gefühle beschreiben) 167; Fragen zum Sachtext beantworten 168; Reimmuster nachahmen 169 | Reimwörter finden 162, 169; Wortfeld *Baum* 162; Wörter nach Wortfeldern ordnen, Wörter kontextbezogen auswählen 166; Verben mit Vorsilben bilden 170; Präpositionen verwenden 174 | Ähnliche Laute und Lautfolgen unterscheiden, Wörter mit *sch* und *ch* 171; Wörter mit *eu*, Wörter mit *äu* (Stammableitung) 172, 173; Schreibtraining: Abschreibtexte, Modellwörter mit *eu* und *äu* 173 |
| Bilder malen und dazu schreiben 180; Steckbriefe schreiben 182; Freundschaftstexte schreiben 183; Geschichten überarbeiten 183; Text nach Muster schreiben 185 | Wortstämme erkennen 181; Wörter einer Wortfamilie bilden 181; Ausrufezeichen 184; Gegensatzpaare finden (Adjektive) 185, 187; Wortfamilien 187 | Schreibtraining: Abschreibtexte, Modellwörter für Adjektive 187 |
| Eigene „Wind-Geschichten“ schreiben 193; Monatsnamen kennen und ordnen 194; Eine Geschichte weiterschreiben 195; Osterkarte basteln und beschriften 201; Gedichtstrophen nach Vorlage schreiben 202 | | |

6 Urbanek, Rüdiger: „ABC-Lied". Gelsenkirchen; 12/13 Rettich, Margret: Jule kommt zur Schule. Loewe, Bindlach 1998; 14 Mai, Manfred: „Umweg"; In: ders.: Mein Geschichtenbuch für das 1. Schuljahr. dtv, München 2004; 15 Schmidt, Hans-Peter: „Auf dem Schulweg". Reichshof; 24/25 Hänel, Wolfram: Anna Nass – Die Neue kommt! Nord-Süd, Hamburg u. a. 1996; 35 Creech, Sharon: „Mein gelber Hund"; In: Der beste Hund der Welt. Fischer, Frankfurt [3]2004; 38/39 Schreiber-Wicke, Edith: Leos größter Wunsch. Thienemann, Stuttgart/Wien 2003; 40 Kulot-Frisch, Daniela: Das Gespenst im Gurkenglas. Cornelsen, Berlin 2002; 41 Fröhlich, Roswitha: „Achtung! Spukzeit!"; In: Caspars Traumbuch. Carlsen, Hamburg 1997; 42/43 Knister: www.knister.com, Die Sockensuchmaschine. Arena, Würzburg [21]2004; 50 Korkow, Konrad: Spielende Spinnen in Spinien; 52/53 Funke, Cornelia: Emma und der blaue Dschinn. Dressler, Hamburg 2002; 54/55 Bandow, Ruth: Prinzessin Luftikusine. Mainz; 58/59 Obrecht, Bettina: Marlene, Räuberhauptfrau. dtv, München 2004; 67 Bandow, Ruth: Gleiche Rechte ohne gleich zu sein. Mainz; 70/71 Heidelbach, Nikolaus: Ein Buch für Bruno. Beltz & Gelberg, Weinheim [3]2000; 72/73 Dietl, Erhard/Uebe, Ingrid: Hex mir Farben, kleine Hexe! Ravensburger Buchverlag Otto Maier GmbH, Ravensburg 2002; 72/73 Stephan-Kühn, Freya/Kock, Hauke: Die Ritter. Arena, Würzburg 1994; 72–74 Korschunow, Irina: Der Findefuchs. dtv junior, München 1982; 75 Fragen zum „Findefuchs": www.antolin.de; 78 Urbanek, Rüdiger: „Was ist gemeint?" Gelsenkirchen; 80 Bydlinski, Georg: „Ratschlag". In: ders.: Wasserhahn und Wasserhenne. Gedichte und Sprachspielereien. Dachs, Wien 2002; 83 Bydlinski, Georg: „Die Dinge reden". In: Gelberg, Hans-Joachim (Hg.): Überall und neben dir. Gedichte für Kinder. Beltz & Gelberg, Weinheim 1989; 108 Schmidt, Hans-Peter: „Wir spielen auf der grünen Wiese". Reichshof; 126 Jandl, Ernst: „ottos mops". In: Der künstliche Baum. Luchterhand, München 2001; 142/143 Schubert, Barbara: Grießbrei oder Pizza? Titisee-Neustadt; 144/145 Günther, Herbert: Herbert Günther erzählt von Großvaters Kindheit. Oetinger, Hamburg 1994; 148/149 „Rumpelstilzchen". Nach: Brüder Grimm. Kinder- und Hausmärchen. Band 1. Reclam, Stuttgart 1989; 151 „Der Wolf und die sieben jungen Geißlein". Nach: Brüder Grimm. Band 1. Kinder- und Hausmärchen. Reclam, Stuttgart 1989; 152/153 „Die drei Böcke Brausewind". Nach: Dickerhoff, Heinrich: Trau deiner Sehnsucht mehr als deiner Verzweiflung. Matthias-Grünewald-V., Mainz [3]2004; 154 Mönckeberg, Vilma: „Der Schnee". In: dies.: Die Märchentruhe. Ellermann, München 1990; 158/159 Der dicke fette Pfannkuchen. Nach: Kämpf, Christian: Der dicke fette Pfannkuchen. Coppenrath, Münster 1985; 162 Bydlinski, Georg: „Was man mit Bäumen alles tun kann". In: ders.: Wasserhahn und Wasserhenne. Gedichte und Sprachspielereien. Dachs, Wien 2002; 163 Welsh, Renate: Nina sieht alles ganz anders. Maier, Ravensburg [3]1989; 164/165 Frey, Jana: Die Puddingsäge. Loewe, Bindlach [3]2003; 169 KNISTER: „Schnaddel di daddel". In: Von Frühlingsboten und Hasenpfoten. Stuttgart, Wien: Thienemann [5]1996; 171 Schmidt, Hans-Peter: „Des Königs Kutschfahrt". Reichshof; 176/177 Enders, Ursula/Sodermanns, Inge/Wolters, Dorothee: Auf Wieder-Wiedersehen. Beltz & Gelberg, Weinheim, Basel 2004; 178/179 Sames-Möckel, Christina: Ärger zu Hause. Pohlheim; 185 Wittkamp, Frantz: „Du bist da und ich bin hier". In: Gelberg, Hans-Joachim (Hg.), Die Erde ist mein Haus. 8. Jahrbuch der Kinderliteratur. Beltz & Gelberg, Weinheim, Basel 1988; 188 Huainigg, Franz-Joseph: Meine Füße sind der Rollstuhl. Ellermann, München [3]1995; 189 Metcalf, Robert: Anders sein; 190 Brandt, Petra/Thiesen, Peter: „Das Feld ist leer". In: dies.: Umwelt spielend entdecken. Beltz, Weinheim, Basel 1991; 190 Borchers, Elisabeth „Oktober". In: dies.: Und oben schwimmt die Sonne davon; 191 Meyerholz, Bernd u. Ulrike: „Regenlied"; 193 Altmann, Julia: Zu Besuch bei Meister Hokusai in Japan. Prestel, München u. a. 2001; 194 Brandt, Petra/Thiesen, Peter: „Die Felder weiß". In: dies.: Umwelt spielend entdecken. Beltz, Weinheim, Basel 1991; 194 Kaléko, Mascha: „Der Winter". In: dies.: Wie's auf dem Mond zugeht und andere Verse. Thorbecke, Sigmaringen 1982; 196 Holst, Adolf: „Christbaumschmuck". In: Steig ein, mein Kind, wir reisen durchs Jahr! Verse, Lieder und Geschichten. Oldenburg, Lappan 2003; 198 Brandt, Petra/ Thiesen, Peter: „Der Schnee wird weich". In: dies.: Umwelt spielend entdecken. Beltz, Weinheim, Basel 1991; 198 Kleberger, Ilse: „Frühling". In: Güte, Anniko/ Dröge, Nicola: Der Frühling ist da. Geschichten und Gedichte. Münster, Coppenrath 2003; 199 Zuckowski, Rolf: Immer wieder kommt ein neuer Frühling; 202 Brandt, Petra/Thiesen, Peter: „Die Sonne glüht". In: dies.: Umwelt spielend entdecken. Beltz, Weinheim, Basel 1991; 202 Kunze, Reiner: „Blumenlied". In: Gelberg, Hans-Joachim (Hg.): Geh und spiel mit dem Riesen. Beltz & Gelberg, Weinheim/Basel 1971; 203 Opus/E. Pfleger/B. Küntzel: „Ferienzeit". In: Kolibri. Das Liederbuch. Schroedel, Hannover 1995; 205 Nöstlinger, Christine: Feriengeschichten vom Franz. Oetinger, Hamburg 1996

4 Loewe Verlag, Bindlach; 4 Wildlife, Hamburg, G. Czepluch; 4 Vario-Press, Bonn, Jürgen Ritterbach; 4 Reinhard-Tierfoto, Heiligkreuzsteinach; 4 Arco Digital Images, Lünen, Wegner, P.; 13 Verlag Carl Ueberreuter, Wien; 17 Visum, Hamburg, Andreas Reeg; 17 Mauritius Images, Mittenwald, Botanica; 17 Mauritius Images, Mittenwald, Reinhard; 26 Visum, Hamburg Reinhard/Zeitenspiegel; 26 Das Fotoarchiv, Essen, Jochen Tack; 26 Norbert Schäfer, Düsseldorf, Fotofinder; 26 Wildlife, Hamburg, D. Tipling; 26 argus, Hamburg Janke; 27 Norbert Schäfer, Düsseldorf; 28 Lüdecke, Übernahme aus: Natur Plus 5, 3-507-76318, S. 88; 30 Reinhard-Tierfoto, Heiligkreuzsteinach; 30 Arco Digital Images, Lünen, Wegner, P.; 30 Wildlife, Hamburg, G. Czepluch; 30 f1 online, Frankfurt, Ritterbach; 31 Arco Digital Images, Lünen, Wegner, P.; 31 Reinhard-Tierfoto, Heiligkreuzsteinach; 33 Sabine Derßen-Irskens; 38 Thienemann Verlag, Stuttgart; 42 KNISTER; 45 Carmen Nickel-Hammer, Nidderau; 58 dtv, München; 71 © Max Grönert; 94 Blickwinkel, M. Kneisel; 136 Keystone, Hamburg; 136 dpa Picture-Alliance, Frankfurt; 136 Corbis, Düsseldorf; 136 Ullstein, Berlin, Ullstein Bild; 136 Ullstein, Berlin, Gircke; 136 dpa Picture-Alliance, Frankfurt, Paul Almasy; 137 Mauritius Images, Mittenwald, Photononstop; 137 photothek, Berlin T. Imo; 137 Norbert Michalke, Berlin, Fotofinder; 137 Visum, Hamburg Ilja C. Hendel; 137 Corbis/Zefa, G. Baden; 137 Mauritius, Banana Stock; 144 Verlag Friedrich Oetinger; 148 akg-images, Berlin; 151 Vision Photos, Berlin; 161 Carmen Nickel-Hammer, Nidderau; 162 Wildlife, Hamburg, C. Gomersall; 164 Loewe Verlag, Bindlach; 168 Wildlife, Hamburg, D. Harms; 172 Wildlife, Hamburg, D. Harms; 172 Wildlife, Hamburg, D. Harms; 182 Juergen Moers, Dorsten, Fotofinder; 182 Martin Schaefer-Brand, Frankfurt a. Main; 189 © Robert Metcalf; 192 Blickwinkel, C. Huetter; 192 Vario-Press, Juergen Ritterbach; 192 Schapowalow, Huber; 192 Blickwinkel, F. Hermann; 200 Caro Fotoagentur, Berlin, Jürgen Blume; 200 European Assembly of Turkish Academics (EATA) Baden Württemberg e. V.; 205 Beltz & Gelberg, Weinheim

# Sprachlesebuch 2
## Neubearbeitung

Herausgegeben
von Rüdiger Urbanek
unter Mitarbeit von
Ruth Bandow
Gisela Giani
Gisela Gutheil
Alexandra Isack
Carmen Nickel-Hammer
Christina Sames-Möckel
Hans-Peter Schmidt

Illustriert von
Merle Bechtold
Anke am Berg
Susanne Bochem
Christine Brand
Renate Emme
Volker Fredrich
Iris Wolfermann



Druck A 2 / Jahr 2006

Alle Drucke der Serie A sind im Unterricht parallel verwendbar.

Redaktion: Ralf Trinks und Birgit Waberski
Herstellung: Sonja Burk, Frankfurt am Main
Layout: Raphaela Mäntele, Hanau
Umschlaggestaltung: Anke am Berg (Illustration) und Visuelle Lebensfreude, Bodem + Sötebier, Hannover
Satz: UMP GmbH, Hamburg
Druck: klr mediapartner, Lengerich
Bindung: westermann druck GmbH, Braunschweig

ISBN 978-3-425-12200-7
alt: 3-425-12200-2